职业教育汽车类专业"双证课程"培养方案教材

U0641864

"十四五" "三教" 改革精品教材

QICHE
BAOYANG
YU
WEIHU

汽车保养与维护

主　编◎吉　杏

副主编◎韩开志　刘宝成　兰科委

参　编◎王瑞辉　夏　昭

主　审◎鲍灵庆

华中科技大学出版社
http://press.hust.edu.cn
中国·武汉

内容简介

全书图文并茂,按照"教、学、做"一体化的理念,从汽车保养与维护概述、发动机系统保养与维护、底盘系统保养与维护、车身部件及电器系统保养与维护、空调系统保养与维护5个方面共设计了19个任务。每个任务有相应的实训操作步骤,并配以操作图片,让学生学习更加直观,兴趣更加浓厚。

本书是一本面向中等职业院校汽车维修类专业的教材,也适合对汽车保养感兴趣的普通读者阅读。

图书在版编目(CIP)数据

汽车保养与维护 / 吉杏主编. -- 武汉 : 华中科技大学出版社,2025.5. -- ISBN 978-7-5772-1942-4

Ⅰ. U472

中国国家版本馆 CIP 数据核字第 2025AB0904 号

汽车保养与维护
Qiche Baoyang yu Weihu

吉　杏　主编

策划编辑:张　毅
责任编辑:郭星星
封面设计:孢　子
责任监印:朱　玢
出版发行:华中科技大学出版社(中国·武汉)　　电话:(027)81321913
　　　　　武汉市东湖新技术开发区华工科技园　　邮编:430223
录　　排:武汉正风天下文化发展有限公司
印　　刷:武汉科源印刷设计有限公司
开　　本:787mm×1092mm　1/16
印　　张:10.25
字　　数:243千字
版　　次:2025年5月第1版第1次印刷
定　　价:42.80元

前言

随着我国汽车工业的飞速发展,汽车已经成为我们日常生活中不可或缺的交通工具。汽车保养与维护的知识和技能对于每一位车主来说都至关重要,它不仅能延长汽车的使用寿命,还能确保行车安全,降低故障发生的概率。

本书旨在为在校学生提供一个全面、系统的学习汽车保养与维护知识的平台。我们希望通过这本书,使学生们掌握汽车保养与维护的基本理论,了解汽车各个部件的工作原理,学会如何对汽车进行日常检查和维护,以及如何处理常见的汽车问题。

在编写这本书的过程中,我们注重理论与实践的结合,力求使内容既具有科学性,又具有实用性。本书包含大量的案例分析、操作指导和维护保养技巧,旨在培养学生的实践操作能力和问题解决能力。

此外,我们也非常注重内容的更新和适应性。随着汽车技术的不断进步,我们将定期对本书内容进行修订和更新,以确保时效性和前瞻性。我们希望这本书能够成为学生们学习汽车保养与维护知识的好帮手,也希望本书的内容能够激发学生们对汽车技术的热爱,为将来成为一名优秀的汽车工程师打下坚实的基础。

本书根据不同的维护保养内容,分成5个项目,每个项目又分成若干个具体任务,每个任务一般都给出了工作场景、学习目标、基础知识、技能训练、相关拓展、复习延伸等模块。这样,教师和学生都会很容易地了解每个任务的具体内容和安排,为教师教学和学生学习提供了极大的方便。

本书由吉杏主编,韩开志、刘宝成、兰科委担任副主编,参与编写的人员还有王瑞辉、夏昭。本书在编写过程中得到了广汽本田汽车4S店的大力支持和帮助,同时参阅了许多文献,在此一并表示衷心的感谢!

由于编者水平所限,书中难免会有疏漏甚至错误之处,恳请各位专家和广大读者给予批评指正!

编　者

目录

项目1 汽车保养与维护概述

◀ 任务1 认识汽车保养与维护的目的和意义 ▶

学习目标

知道汽车的磨损规律,理解现代汽车维护保养的目的和意义,同时能够区别保养和维修的区别。

基础知识

汽车是由大量零部件构成的,车辆在使用过程中,零部件会因磨损、老化或腐蚀而降低性能,车辆的整体运行性能随之降低。因此,汽车需要定期保养(见图 1-1),通过调整和更换零部件来保持其整体运行性能。

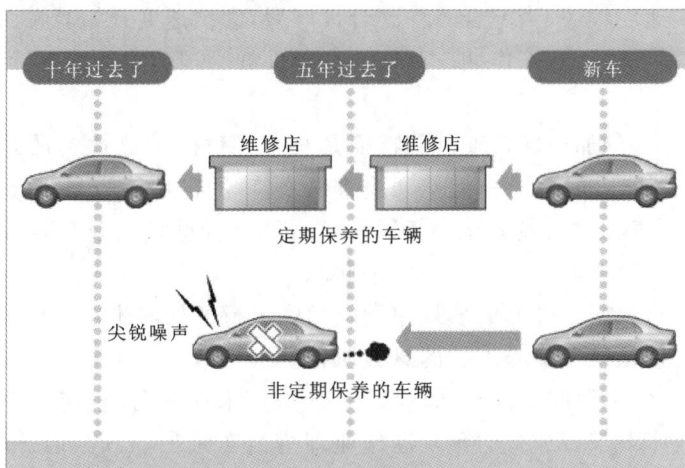

图 1-1 定期保养和非定期保养的不同结果

通过实施定期保养,可以避免许多未来可能发生的较大故障,保持车辆符合法规要求,并延长车辆使用寿命。同时,顾客可以享受到既经济又安全的驾驶体验。

一、汽车磨损

随着现代汽车工业的飞速发展,设计和制造工艺不断进步,电控技术得到广泛应用,极大地降低了汽车精密部件的损坏率。然而,这也使得对汽车内部环境和油品的要求越来越高。汽车内部的积碳等沉积物问题成为影响汽车性能的主要因素。尽管如此,作为机电产品,即使是性能卓越的汽车也会随着行驶里程的增加而逐渐磨损,技术状况不断下降,这是不可避免的现象。

二、汽车磨损的三个阶段

图 1-2 是汽车零件磨损的三个阶段,磨损程度在其他条件(如材料、油品、路况、驾驶技术)相同的情况下,还会因使用、保养情况的不同而有很大的差异。

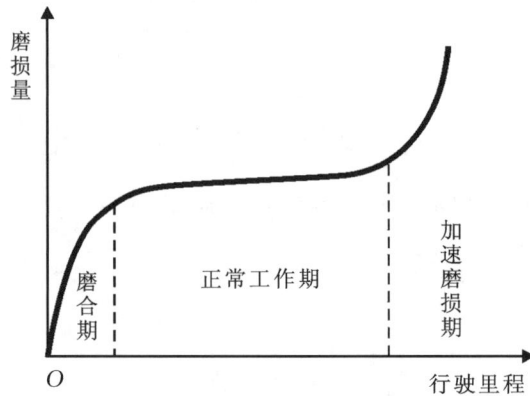

图 1-2　汽车磨损曲线图

第一阶段是零件的磨合期(一般为 $1000 \sim 1500$ km)。其特征是在较短的里程(或时间)内零件的磨损速度较快,当配合零件磨合良好后,磨损速度开始减慢。

第二阶段是零件的正常工作期。其特征是零件的磨损速度随汽车行驶里程的增加而减缓。

第三阶段是零件的加速磨损期。其特征是相配零件间隙已达到最大允许使用极限,磨损量急剧增加。由于间隙增大,润滑油膜难以维持,冲击负荷增大,磨损量也增大,即出现故障,如异响、漏气、振抖、温度异常等。此时,若继续使用,就会有异常磨损,使零件迅速损坏,只有经过大修才能恢复汽车的使用性能。

由此可见,只有根据零件的磨损规律制定切实可行的保养维护措施,才能使其保持完好的技术状态,这便是汽车保养维护的意义所在。

汽车行驶一定的里程和时间后,根据汽车维护技术标准,按规定的工艺流程、作业范围、作业项目和技术要求所进行的预防性作业即为汽车维护。汽车维护的目的就是通过及时正确的保养保持车辆良好的技术状况,使汽车具有良好的使用性和可靠性,延长汽车的使用寿命,确保行车安全,降低使用成本,充分发挥汽车的使用效能并降低运行损耗,以便取得良好的经济效益、社会效益和环境效益。

相关拓展

一、保养和修理的区别与联系

(1)作业技术措施不同。保养以计划预防为主,通常采取强制实施的作业;而修理是按计划视需要进行的作业。

(2)作业时间不同。保养通常是在车辆发生故障之前进行的作业;而修理通常是在车辆发生故障之后进行的作业。

(3)作业目的不同。保养通常是为了降低零件磨损速度,预防故障发生,延长汽车使用寿命;而修理的目的通常是维修出现故障或失去工作能力的机件、总成,恢复汽车良好的技术状况、工作能力。

二、保养与修理的关系

汽车保养和汽车修理是密切相关的。修理中有保养,保养中有修理。在车辆保养过程中可能发现某一部位或机件将要发生故障或出现损坏的前兆,因而可利用保养时机对其进行修理。而在修理的过程中,对一些没有损坏的机件也要进行保养,这是很自然的事情。

因此,汽车保养和汽车修理的关系是辩证的。在日常活动中,一定要处理好两者之间的关系,坚持以保养为重点,克服"重修轻保""以修代保"的不良倾向。"三分修七分养"说的就是这个道理。

复习延伸

(1)汽车为什么要进行保养与维护?

(2)汽车有哪几种磨损形式?磨损规律是什么?

◀ 任务 2　学会安全生产 ▶

学习目标

了解事故的产生因素,掌握保养维护安全生产的相关知识,正确着装,规范操作,文明生产。

🎯 基础知识

大部分汽车维护工作是在汽修车间内完成的,由于汽车的复杂性,在汽车维护中要使用到很多的工具、设备和机器。通常,汽修车间内会有很多工作人员,加上复杂的工具、设备、机器和易燃、易爆的用品,使汽修车间成为一个事故易发地。汽修车间内的安全已经成为汽车技术研究中极其重要的问题。正确对待工作安全标准和规则,是安全工作的重要保障。

保证工作场地的安全是每一个人的责任,汽修车间的技术工人有责任有义务尽可能保证安全。每个车间都存在许多事故隐患,事故的发生常常是由于人们的疏忽造成的。有些事故可能是由于维修人员试图走捷径,不按照规范操作而导致的。因此,这些情况应当被纠正以防止事故的发生。维修人员有责任确保维修车间内不存在危险情况,从而减少汽修车间的事故隐患。

一、事故因素

容易产生事故的因素有两类(见图1-3):一类是人为因素造成的事故,由于不正确使用机器或工具,穿着不合适的衣物,或技术员操作不规范而造成的事故;另一类为自然因素造成的事故,由于机器或工具出现故障,缺少完整的安全装置,或者工作环境不良造成的事故。

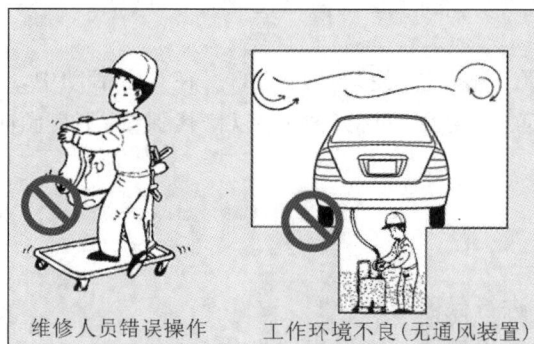

维修人员错误操作　　工作环境不良(无通风装置)

图 1-3　事故因素

二、正确着装

1. 工作服

为了防止事故的发生,维修人员必须穿着结实且合身的工作服进行作业,以便于工作,如图1-4所示。为了防止工作时损坏汽车或造成个人受伤,应避免让工作服的带子、纽扣等暴露在外,同时不要裸露皮肤,以降低受伤或烧伤的风险。

2. 工作鞋

维修人员工作时必须穿着安全鞋。穿着凉鞋或运动鞋是不安全的,因为它们容易导致摔倒,并降低工作效率。此外,穿着这些鞋子还可能使穿戴者因偶然掉落的物体而受到伤害。

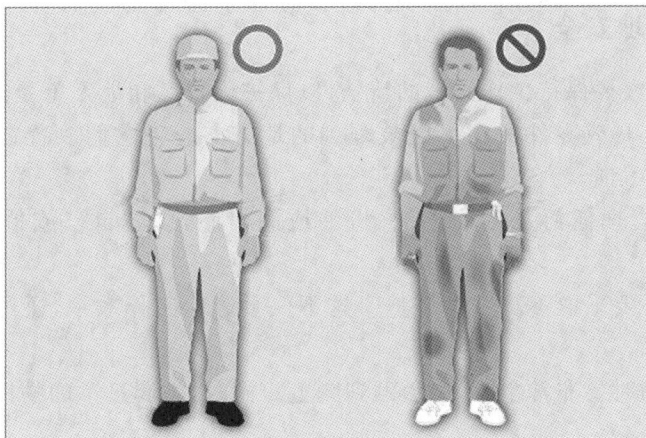

图 1-4 着装标准

3. 工作手套

在提升重物、拆卸热排气管或类似物体时,建议戴上手套以保护手部。然而,对于普通的维护工作,戴手套并非必需。是否需要戴手套应根据具体工作类型来决定。

三、使用设备安全

在使用工具工作时,应遵守以下预防措施(见图 1-5)以防止发生伤害:

(1)正确使用电气、液压和气动设备,以避免受到严重伤害;

(2)在使用可能产生碎片的工具之前,先戴好护目镜;

(3)使用抛光机、钻孔机等工具后,应及时清除其上的粉尘和碎屑;

(4)操作旋转工具或在有旋转运动的环境中工作时,不要戴手套,因为手套可能会被卷入旋转的物体中,从而伤到手。

(5)使用升降机升起车辆时,应先将车辆初步提升至轮胎稍微离开地面。在车辆完全升起之前,需确认车辆已牢固地支撑在升降机上。车辆升起后,切勿试图摇晃车辆,因为这可能导致车辆跌落,造成严重伤害。

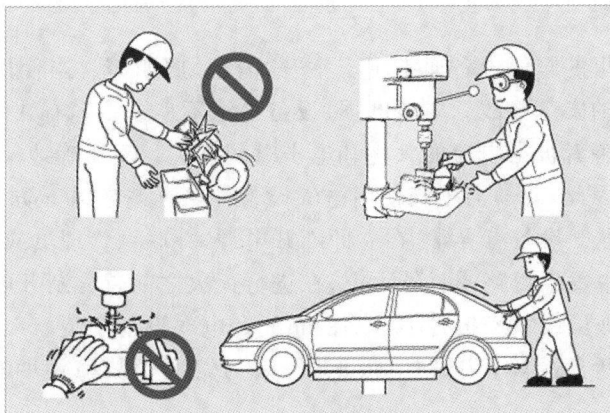

图 1-5 设备使用注意事项

四、工作场地安全

在车间内,始终要保持工作场地的清洁,以保护你自己和他人免受伤害。

(1)不要将工具或零件留在可能被踩到的地方。应将它们放置在工作架或工作台上,并养成良好的习惯。

(2)应立即清理任何飞溅的燃油、机油或润滑脂,以防自己或他人滑倒,如图 1-6 所示。

(3)工作时不要采取不舒服的姿势。这不仅会影响工作效率,还可能导致跌倒和自我伤害。

(4)处理重物时要非常小心,避免砸到脚上。同时,举起过重的物体可能使自己的背部或腰部受伤。

(5)在转移工作地点时,一定要走指定的通道。

(6)不要在开关、配电盘或电机等附近使用可燃物,因为它们容易产生火花,引发火灾。

图 1-6 工作场地应保持干净

五、用电安全

汽车维修车间里的电气设备通常用于举升、清洗、照明等。当使用这些电气设备时,常常可能出现严重的安全事故。电线磨损、设备绝缘不良或线缆有缺陷均会造成触电,电击的严重程度与受害者被击电流的大小和电击时间有关。不正确地使用电气设备还可能导致短路和火灾。因此,要学会正确使用电气设备并认真遵守以下防护措施(见图 1-7):

(1)如果发现电气设备有异常,在立即断开电源,并联系管理员或领班。

(2)如果电路中发生短路或意外火灾,在进行灭火之前首先断开电源。

(3)及时向管理员或领班报告不正确的布线和电气设备安装。

(4)有任何熔断丝故障都要向上级汇报,因为熔断丝故障说明存在某种电气设备故障。

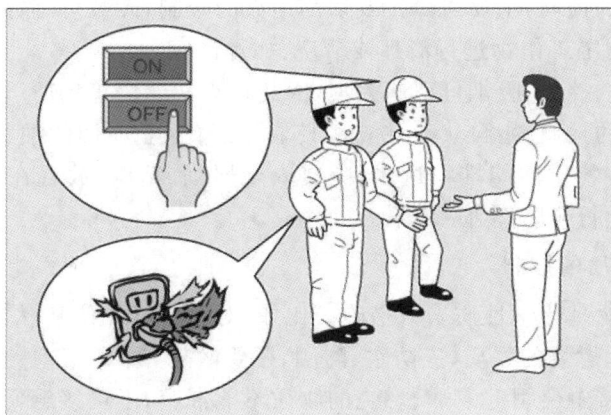

图 1-7 安全用电

警告：千万不要尝试以下行为（见图 1-8），因为它们非常危险：

（1）不要靠近断裂或摇晃的电线。

（2）不要用湿手接触任何电气设备。

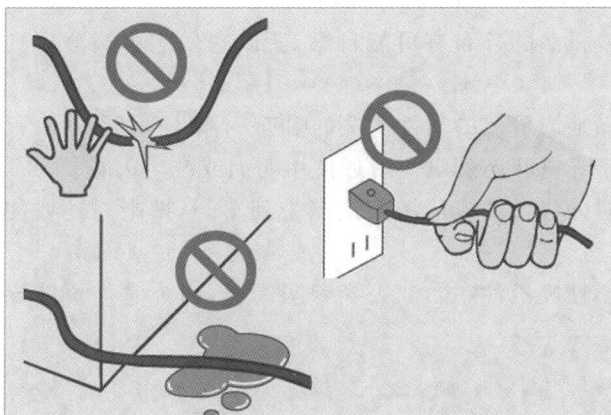

图 1-8 安全用电

（3）不要触摸标有"发生故障"的电源。

（4）拔下插头时，不要拉电线，而应当拉插头本身。

（5）不要让电缆通过潮湿或浸有油的地方，也不要通过炽热的表面或者尖角附近。

（6）在电源、配电盘或电动机等设备附近不要使用易燃物，因为它们容易产生火花。

六、防火与防爆

为了保证车间的安全，每位员工都必须知道安全设备的放置地点和使用方法。

1. 火源控制

（1）加热使用的明火要严格控制：尽量采用蒸汽或其他载体加热，如果必须用明火加热则应远离易燃易爆物。

（2）维修用火的控制：主要指焊接或切割用火的控制，卸装可燃物设备或在可燃可爆区域用火时，应对周围工作物进行清理或清洗，如焊油箱。

（3）其他明火的控制：吸烟可引起火灾，因此在车间库房等场所严格执行禁烟制度。

（4）其他火源的控制：指自然发热物的控制，维修企业使用的油抹布、油棉纱等物可自燃引起火灾，这些物质不能堆积过多，应装入金属桶、箱内，放置在安全地点并及时处理；所有照明灯必须符合防潮、防爆要求。

2. 可燃可爆物质的控制

（1）按物质的物理化学性质采取措施。比如，对于空气能使其燃烧的物质，应隔绝空气；对于过热可引起燃烧的物质，应防水、防潮，还要散热、通风。

（2）两种互相接触会引起爆炸、燃烧的物质不能混存，不可接触，要分别放置。

3. 预防火灾的措施

（1）如果火灾警报响起，所有人员应当配合扑灭火焰。要做到这一点，所有人员应知道灭火器的放置位置和使用方法。

（2）除非在吸烟区，否则不要抽烟，并且要确认将香烟熄灭在烟灰缸里。

4. 在易燃易爆品附近应采取的预防措施

（1）吸满汽油或机油的碎布有可能自燃，所以它们应当被放置到带盖的金属容器内（见图1-9）。

（2）在机油存储地或可燃的零件清洗剂附近，不要使用明火。

（3）不能在处于充电状态的电池附近使用明火或产生火花。

（4）仅在必要时才将燃油或清洗溶剂携带到车间，携带时还要使用能够密封的特制容器。

（5）不要将可燃性废机油和燃油丢弃到阴沟里，因为它们可能导致污水管系统产生

图1-9 防火与防爆

火灾。应将这些材料倒入排出罐或者其他合适的容器内。

（6）在燃油泄漏的车辆没有修好之前，不要启动该车辆上的发动机。修理燃油供给系统，例如拆卸化油器时，应当断开蓄电池负极电缆以防止发动机被意外启动。

七、险情报告

在险情讨论中，技术员互相交流他们在日常工作中经历的险情。首先互相陈述身边的险情是如何发生的，目的是防止别人重蹈覆辙；然后要分析导致这些危险情况发生的因素，以及采取适当措施来创造一个更安全的工作环境。遇到图 1-10 所示的情况之一时，必须采取如下措施：

（1）首先，将情况汇报给管理员或领班。

（2）记录事情的发生经过。

（3）让每个人慎重对待这个问题。

（4）让每个人考虑应当采取的对策。

（5）记录以上的一切并将清单放置在每个人都能够看得到的地方。

险情报告事例
1. 脱开或将要脱开
2. 撞上或将要撞上
3. 夹住或将要夹住
4. 卡住或将要卡住
5. 跌倒或将要跌倒
6. 提升工具断裂或将要断裂
7. 爆炸或将要爆炸
8. 被电击或将要被电击
9. 起火或将要起火
10. 其他

图 1-10　险情报告事例

八、文明生产（5S 理念）

为了建立使顾客 100% 满意的质量保证体系，改进业务流程，削减库存，遵守交期，强化成本竞争力，积累与提高生产力，提高新技术的推广速度，提高人才素养和环境安全以及构筑企业文化基础等，目前大部分汽车 4S 店正在推行 5S 管理理念。5S 是由丰田公司率先提出的，它是保持车间环境整洁，实现轻松、快捷和安全工作的关键点。5S 管理指整理（seiri）、整顿（seiton）、清扫（seiso）、清洁（seiketsu）和自律（shitsuke）。

1. 整理

此过程将确定某种项目是否需要，不需要的项目应立即丢弃以便有效利用空间。

（1）按照必要性，组织和利用所有的资源，不管它们是工具、零件还是信息。

（2）在工作场地指定一处地方来放置所有不必要的物品。收集工作场地中不必要的东西，然后丢弃。

（3）小心存放物品很重要，同样，丢弃不必要的物品也很重要，见图 1-11。

图 1-11　5S—整理

2. 整顿

这是一个整顿工具和零件的过程,目的是方便使用,如图 1-12 所示。

(1) 将很少使用的物品放在单独的地方。

(2) 将偶尔使用的物品放在工作场地。

(3) 将常用的物品放在身边。

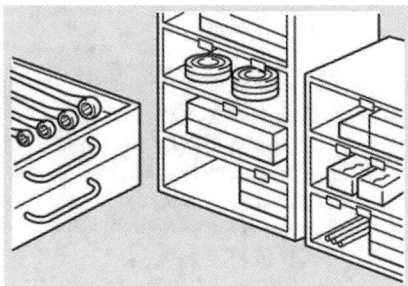

图 1-12　5S—整顿

3. 清扫

这是一个使工作场地内所有物品保持干净的过程。永远使设备处于完全正常的状态,以便随时可以使用,如图 1-13 所示。一个脏乱的工作环境是缺少自信的反映。要养成保持工作场地清洁的好习惯。

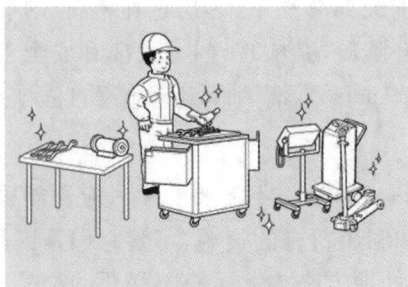

图 1-13　5S—清扫

4. 清洁

这是一个努力保持整理、整顿和清扫状态的过程,目的是防止任何可能问题的发生。这也是一个通过对各种物品进行分类,清除不必要的物品使你的工作场所保持干净的过程,如图 1-14 所示。

(1) 有助于使工作环境保持清洁的因素包括:颜色、形状、各种物品的布局、照明、通风、陈列架以及个人卫生。

(2) 如果工作环境变得清新明亮,也能够给顾客留下良好的印象。

图 1-14　5S—清洁

5. 自律

自律是一个包括广泛培训,使员工自豪地成为汽车维修人员的过程,如图 1-15 所示。

(1) 自律形成文化基础,这是确保与社会协调一致的最起码的要求。

(2) 自律是学习规章制度方面的培训。

图 1-15　5S—自律

相关拓展

一、汽车维修人员更佳工作的十大原则

1. 职业化的形象

(1) 干净的帽子。

（2）干净的连体工作服。

（3）干净的劳保鞋。

（4）不戴饰品和手表。

（5）口袋中要有干净的抹布（见图 1-16）。

（6）必要时戴护目镜、面罩、耳罩、手套等安全用品。

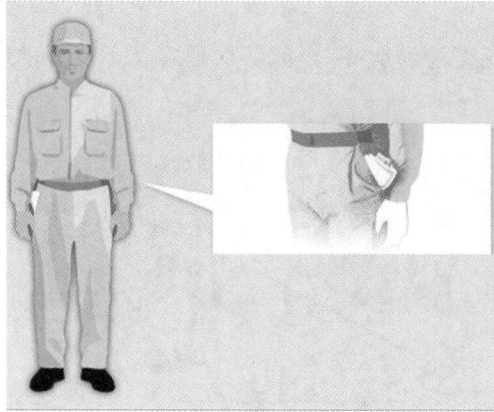

图 1-16　职业化的形象

2. 爱护车辆

（1）使用地板垫、座椅罩、翼子板布、前罩、转向盘罩和车轮挡块，如图 1-17 所示。

（2）小心驾驶客户车辆。

（3）在客户车内不抽烟。

（4）切勿使用客户音响设备或车内电话。

（5）拿走留在车上的垃圾和零件箱。

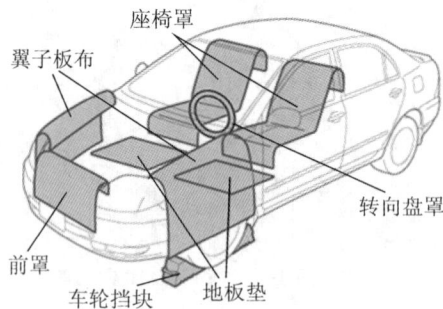

图 1-17　爱护车辆

3. 整洁有序

保持车间（地面、工具台、工作台、仪表、测试仪等）的整洁有序，须做到：

（1）拿开不必要的物件。

（2）保持零部件和材料整齐有序。

（3）打扫、清洗和擦净。

（4）汽车停正后方可维修，如图 1-18 所示。

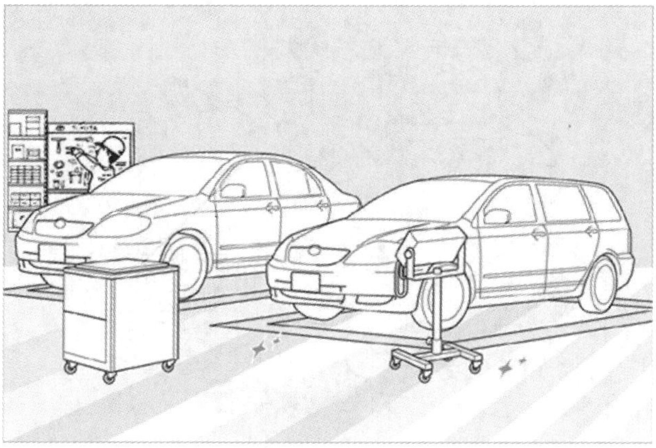

图 1-18 整洁有序

4. 安全生产

（1）正确地使用工具和其他设备，如汽车举升器、千斤顶、研磨机等。

（2）小心着火，工作时切勿抽烟。

（3）切勿搬运太重的物件，图 1-19 所示。

图 1-19 安全生产

5. 计划和准备

（1）确认"主要项目"（客户进行维修的主要原因）。

（2）确认客户的要求及服务顾问的指示。

（3）若出现返工的情况，要特别注意沟通。

（4）如果除了规定的工作外还有其他工作，应报告给服务顾问，在得到客户的同意后方可进行。

（5）为你的工作做好计划（工作程序和准备），如图 1-20 所示。

（6）确认库存有所需零、部件。

（7）根据维修单工作,避免出错。

图 1-20　计划和准备

6. 快速、可靠地工作

（1）使用正确的 SST（专用维修工具）和测试仪。

（2）根据维修手册、电子线路图和诊断手册进行工作,以避免主观猜测。

（3）了解最新技术信息,例如技术服务简报上的内容。

（4）如果你有事情不清楚,请询问服务顾问或者管理人员/领班,如图 1-21 所示。

图 1-21　快速、可靠地工作

（5）如果你发现车辆还有不包括在维修条款内的其他地方需要维修,应向服务顾问或者管理人员/领班汇报。

（6）尽可能运用所学技能。

7. 按时完成

（1）如果能按时完成该工作,应再三核查工作进度安排,如图 1-22 所示。

（2）如果完成任务时间可能推后（或提前），或者需要做其他工作，请通知服务顾问或管理人员/领班。

图 1-22　按时完成

8. 工作完成后要检查

（1）确认主要项目已完成。

（2）确认已完成所有其他需要做的工作。

（3）确认车辆至少和刚接手时是同样清洁的。

（4）将驾驶座、转向盘和反光镜返回到最初位置。

（5）如果钟表、收音机等的存储被删除，应重新设置，如图 1-23 所示。

图 1-23　工作完成后要检查

9. 保存旧零件

（1）将旧的零件放在塑料袋或者空零件袋中。

（2）将旧零件放在预定的地方，例如，放在前乘员座椅前面的地板上，如图 1-24 所示。

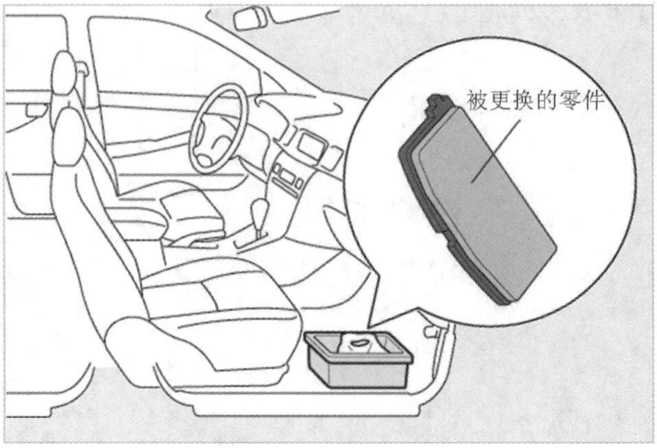

图 1-24　保存旧零件

10.后续工作

(1) 完成维修单和维修报告,例如,写下故障原因、更换的零件、更换原因、劳动时长等,如图 1-25 所示。

(2) 未列在维修单上的任何其他信息,必须通知管理人员/领班或者服务顾问。

(3) 在工作中所注意到的任何异常情况应告知服务顾问或管理人员/领班。

图 1-25　后续工作

二、汽车维修人员日常安全守则

(1) 工具不使用时应保持干净并放到正确的位置。

(2) 要及时检查和保养各种设备和工具。

(3) 手上应避免油污,以免工具滑脱。

(4) 启动发动机前,应保证驻车制动器正常工作。

(5) 不要在车间内乱转。

(6) 在车间内启动发动机要保持通风良好。

(7) 在车间内穿戴、着装要合适,并佩戴必要的装备,如手套、护目镜、耳塞等。

(8) 不要将压缩空气对着人或设备吹。

(9) 尖锐的工具不要放到口袋里,以免扎伤自己或划伤车辆。

(10) 常用通道上不要放工具、设备、车辆等。

(11) 用正确的方法使用正确的工具。

(12) 手、衣服、工具应远离旋转设备或部件。

(13) 开车进出车间时要格外小心。

(14) 在极疲劳或精神状态不佳时不要工作,这种情况会降低注意力,有可能导致自身或他人的伤害。

(15) 如果不知道车间设备如何使用,应先向有经验的师傅请教,以掌握正确、安全的使用方法。

(16) 用举升器或千斤顶升起车辆时一定要按正确的规程操作。

(17) 车间内不能见明火,禁止吸烟。

(18) 应知道车间灭火器、医疗急救包、洗眼处的位置。

复习延伸

(1) 为了加强汽车维护的工作安全,作为工作人员应从哪些方面做起?

(2) 5S 理念是由哪一家公司发起的? 5S 理念的含义是什么?

◀ 任务 3 常用工量具的使用 ▶

学习目标

了解汽车维护工具,掌握汽车维护中常用工量具的使用方法和注意事项,学会在汽车维护中正确选用合适的工具。

基础知识

一、常用工具

1. 扳手

1) 开口扳手

开口扳手是最常见的一种扳手,又称呆扳手,其开口的中心平面和本体中心平面呈 15°角,这样既能适应人手的操作方向,又可降低对操作空间的要求,如图 1-26 所示。其规格是以两端开口的宽度来表示的,如 8~10 mm、12~14 mm 等。开口扳手通常是成套装备,有 9 件一套(见图 1-27)、10 件一套等,通常用 45 号钢、50 号钢锻造,并经热处理制成。

图 1-26　开口扳手图　　　　　图 1-27　9 件套开口扳手

如图 1-28 所示,开口扳手的使用方法及注意事项如下:

(1)扳手的规格应与所拆螺栓、螺母相适应。如果过大,扳手开口侧面就不能与螺栓头部或螺母贴紧,用力时扳手就会脱离螺栓头部或螺母,导致滑丝。

（a）正确　　　　　（b）错误　　　　　（c）扳手方向

图 1-28　正确选择扳手的大小和方向

(2)用开口扳手时,为了使扳手不致损坏或滑出,在最初旋松和最后旋紧螺栓时,拉力应施加在较厚一边的扳口上,但螺栓松动后可以翻转使用。

(3)使用开口扳手时,最好的效果是拉动,若必须推动,只能用手掌来推并且手指要伸直,以防螺栓松动时碰伤手指。

(4)扳手钳口以一定角度与手柄相连。这意味着通过转动开口扳手(扳手),可在有限空间中进一步旋转。为防止相对的零件也转动,如在拧松一根燃油管时,用两个开口扳手去拧松一个螺母。扳手不能提供较大扭矩,因此不能用于最终拧紧。不能在扳手手柄上接套管,因为这会造成超大扭矩,损坏螺栓或开口扳手。

2)梅花扳手

梅花扳手同开口扳手的用途相似,其两端是花环式的,如图 1-29 所示。其孔壁一般是十二边形,可将螺栓和螺母头部套住,扭转力矩大,工作可靠,不易滑脱,携带方便。使用时,扳动 30°后,即可换位再套,因而适用于狭窄场合下操作。与开口扳手相比,梅花扳手强度高,因为扳手钳口是双六角形的,可以容易地装配螺栓/螺母。并且由于螺栓/螺母的六角形表面被包住,因此没有损坏螺栓角的危险,并可施加大扭矩。虽然梅花扳手在使用时不易滑脱,但套上、取下不方便。其规格以闭口尺寸 S(mm)来表示,如 8～10 mm、12～14 mm 等。梅花扳手通常是成套装备,有 8 件一套、11 件一套(见图 1-30)等;通常用 45 号钢或 40Cr 钢锻造,并经热处理制成。

图 1-29　梅花扳手

图 1-30　11 件套梅花扳手

梅花扳手的使用方法及注意事项如下：

（1）使用梅花扳手时，扳手与螺母的尺寸必须符合。如果松动就会损坏扳手及螺母的棱角，甚至会将手碰伤。

（2）在工作中遇到较紧的螺栓不易旋松时，禁止在扳手柄上再增加力臂，也不能用锤子锤击扳手柄，以免折断扳手。

3）两用扳手

两用扳手就是把开口扳手和梅花扳手制成一体，即一端是开口扳手，另一端是梅花扳手，并且开口扳手和梅花扳手的公制尺寸相同，如图 1-31 所示。两用扳手兼有两种扳手的优点，用起来更方便。开口扳手一端适合快拧，梅花扳手一端可用于大扭矩紧固操作，工作效率高。因此在汽车维护作业中，两用扳手的使用更加普遍，通常也是成套装备（见图 1-32）。使用方法及注意事项与开口扳手和梅花扳手相同。

图 1-31　两用扳手

图 1-32　11 件套两用扳手

4）套筒扳手

套筒扳手的材料、环孔形状与梅花扳手相同，适用于拆装位置狭窄或需要一定扭矩的螺栓或螺母，套筒扳手主要由套筒头、手柄、接头和接杆等组成。各种手柄适用于不同的场合，使用时由几件组成一把扳手。其套筒部分与梅花扳手的端头相似。可根据需要，选用不同规格的套筒和各种手柄进行组合。如活动手柄可以调整所需力臂，快速手柄用于快速拆装螺母、螺栓，同时还能配用扭力扳手显示扭紧力矩。套筒扳手具有功能多、使用方便、安全可靠的特点，适合于拆装空间狭小、凹下很深或不易接近等部位的螺栓、螺母。以操作方便或提高效率为原则，常用套筒扳手的规格是 10～32 mm。常用的套筒扳手有13 件、17 件和 24 件套等多种形式，如图 1-33 所示。

（1）套筒头。

套筒头是圆筒形状，使用时环孔紧套在螺栓或者螺母的 6 个面上，所以不会打滑或脱

图 1-33　成套套筒扳手

落,是汽车维护中的常用工具。如图 1-34 所示,套筒头的环孔形状与梅花扳手相同,有 6 角和 12 角之分,但二者的强度基本没有区别,可以随意选择,但是紧固小尺寸的螺栓螺母时,为防止螺栓变形,建议选用 6 角。

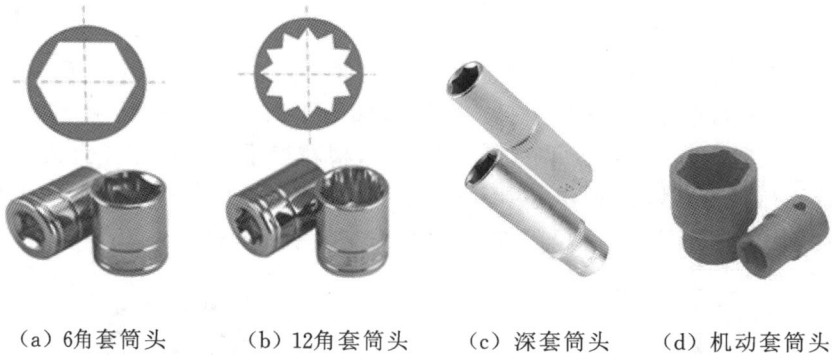

（a）6角套筒头　　　（b）12角套筒头　　　（c）深套筒头　　　（d）机动套筒头

图 1-34　套筒头的种类

　　按套筒扳手的用途分类,有利用棘轮手柄作业的手动套筒扳手和利用气动工具、电动工具作业的机动套筒扳手。一般机动套筒扳手比手动套筒扳手的尺寸都大 15％～20％,并且机动套筒扳手的强度和硬度都比较高,表面更不易变形。不可以将手动套筒扳手代替机动套筒扳手使用,以免损坏。

　　（2）手柄。

　　套筒扳手的手柄有棘轮扳手和旋转扳手两种,棘轮扳手能提高工作效率,使用广泛。它的方头部分装有棘轮结构,可以切换正传或反转,特别适合在狭窄场合使用。此外,还有 L 形伸缩手柄、快速摇柄、滑行头手柄等,如图 1-35 所示。滑行头手柄的手柄头可沿扳杆滑动,力臂可以变化,L 形伸缩手柄可倾斜一定角度旋转套筒头,快速摇柄能连续转动,使用方便,工作效率较高。

　　（3）接杆。

　　接杆连接在套筒头与手柄之间,适合在狭窄空间作业,可用于拆下和更换装得很深、不易接触的螺栓和螺母,加长杆也可将工具抬离平面一定高度,如图 1-36 所示。可根据使用情况,选择接杆的长度。

（a）棘轮扳手　　　　（b）L形伸缩手柄　　　（c）滑行头手柄　　　（d）快速摇柄

图 1-35　　手柄类型

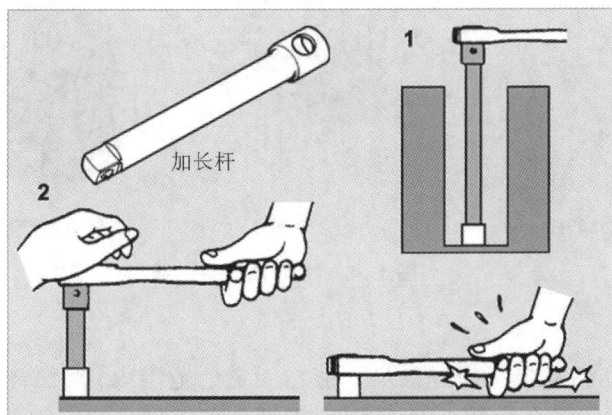

图 1-36　接杆的使用

（4）接头。

套筒的方头部分通过万向节可以前后或左右移动，手柄和套筒头之间的角度可以自由变化，使其成为在有限空间内工作的有用工具。注意不要使手柄倾斜较大角度来施加扭矩，如图 1-37 所示。

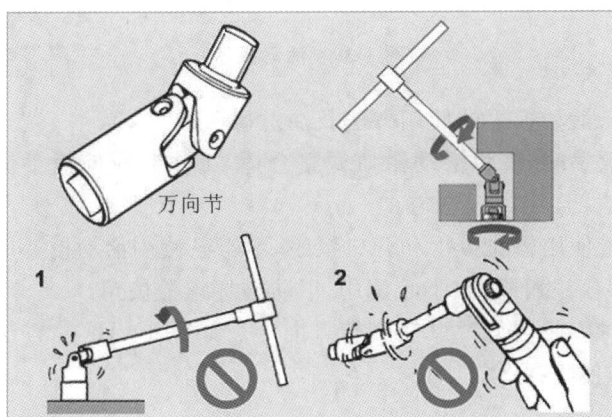

图 1-37　接头的使用

5）内六角扳手

内六角扳手也叫六角棒扳手，其断面形状为六角形，内六角扳手是用来拆装六角螺栓和螺钉的,有管套型、L形、T形等几种结构形式,如图 1-38 所示。通常用硌钒钢、碳钢等材料制成,硌钒钢扳手要比碳钢扳手更有韧性。规格以六角形对边尺寸表示,3～27 mm 尺寸的有 13 种,汽车维修作业中使用成套内六角扳手拆装 M4～M30 的内六角螺栓。

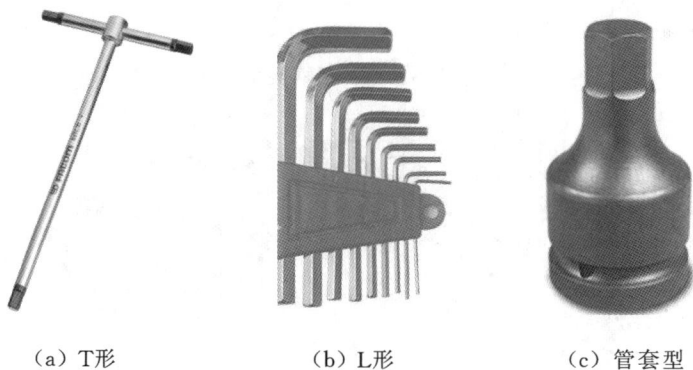

（a）T形　　　　　　（b）L形　　　　　（c）管套型

图 1-38　内六角扳手

6）活动扳手

如图 1-39 所示,活动扳手的开口尺寸能在一定的范围内任意调整,可用于拆装不规则的螺母或螺栓,使用场合与开口扳手相同,但活动扳手操作起来不太灵活。其规格是以最大开口宽度(mm)来表示的,常用的有 150 mm、300 mm 等,通常是由碳素钢或铬钢制成的。

图 1-39　活动扳手

如图 1-40 所示,活动扳手的使用方法及注意事项如下:

(1) 使用活动扳手时,应将活动钳口调整合适,工作时应使扳手可动部位承受推力,固定部分承受拉力,并且用力应均匀。

(2) 使用中尽量使用梅花扳手和开口扳手,不得已使用活动扳手时,一定要调整好开口的尺寸,使其与螺栓棱角配合,小心使用,以防破坏螺栓棱角。

(3) 转动扳手时应使调节钳口在旋转方向上。如果不用这种方法转动扳手,压力将作用在调节螺杆上,使其损坏。

7）扭矩扳手

扭矩扳手也称扭力扳手,是一种用以拧紧螺栓/螺母达到规定扭矩并可读出所施扭矩大小的专用工具,除用来控制螺纹件旋紧力矩外,还可以用来测量旋转件的启动转矩,以检查配合、装配情况。

扭矩扳手可分为板簧式、预置式和表盘式,如图 1-41 所示。预置式扭矩扳手通过旋

图 1-40　活动扳手的使用注意事项

转套筒可预设所要求的扭矩,当螺栓在预设扭矩条件下拧紧时,会发出"咔嗒"声,表明已达到规定的扭矩。板簧式扭矩扳手通过弯曲梁板,借助作用到旋转手柄上的力进行操作。表盘式扭矩扳手的作用力可通过指针和刻度读出,以便施加规定的扭矩。

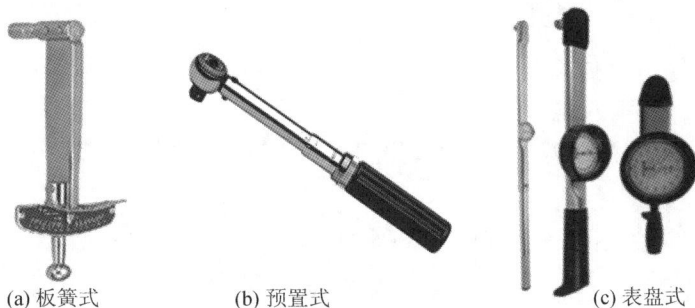

(a) 板簧式　　　　　　(b) 预置式　　　　　　(c) 表盘式

图 1-41　扭矩扳手

使用扭矩扳手时应注意以下事项:

(1) 所选用的扭矩扳手的开口尺寸必须与螺栓或螺母的尺寸相符合,若扳手开口过大则易滑脱并损伤螺纹连接件的棱角,在进口汽车维修中,应注意扳手公英制的选择。

(2) 为防止扳手损坏和滑脱,应使拉力作用在开口较厚的一边,这一点对受力较大的活动扳手尤其应该注意,以防止开口出现"八"字形,损坏螺纹连接件和扳手。

(3) 扭矩扳手是按人手的力量来设计的,遇到较紧的螺纹件时,不能用锤子击打扳手;除套筒扳手之外,其他扳手都不能套装接杆,以防损坏扳手或螺纹连接件。

(4) 扭矩扳手使用时,若听到"啪"的一声,则此时力度是合适的。

(5) 如果拧紧几个螺栓,则需在每个螺栓上均匀施力,重复 2~3 次。

(6) 如果专用维修工具与扭矩扳手一起使用,则要按照修理手册中的说明计算扭矩。

(7) 使用板簧式扭矩扳手时,使用扭矩扳手量程的 50%~70% 均匀施力,不要用力太大,以免手柄接触到杆。如果压力不是作用在销上,则不能获得精确的扭矩测量值。

8）专用扳手

专用扳手是一种用途较为单一的特殊扳手的统称,通常以其用途或结构特点来命名。每种专用扳手又可以按照不同的规格和尺寸进行分类。在使用专用扳手时,必须选用与零件相适应的扳手,以免扳手滑脱伤手或损坏零件。

（1）火花塞套筒扳手,用于拆装火花塞,其规格根据火花塞型号的不同而不同,如图1-42所示。

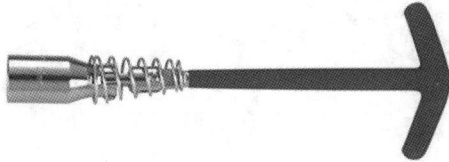

图 1-42　火花塞套筒扳手

（2）L形轮胎扳手,用于拆装轮胎,如图1-43所示。

图 1-43　L形轮胎扳手

（3）气门芯扳手,用于拆装气门芯,如图1-44所示。

图 1-44　气门芯扳手

（4）机油滤清器扳手,用于拆装机油滤清器,如图1-45所示。

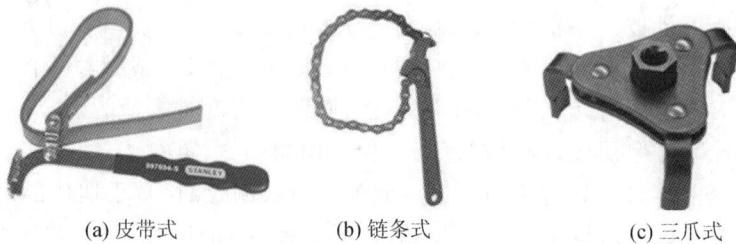

(a) 皮带式　　　　　(b) 链条式　　　　　(c) 三爪式

图 1-45　机油滤清器扳手

2. 风动工具

风动工具是利用压缩空气,用于拆卸和更换螺栓或螺母的一种工具。

如图 1-46 所示,风动工具的使用方法及注意事项如下:

(1)在合适的气压下使用,定期检查风动工具并用风动工具油润滑和防锈。

(2)如果用风动工具从螺栓上完全取下螺母,则旋转力可使螺母飞出,往往要先用手将螺母对准螺栓,如果一开始就使用风动工具,则螺纹会被损坏。

(3)使用风动工具拧紧螺母时,注意不要拧得过紧。最后还要使用扭矩扳手检查紧固扭矩。

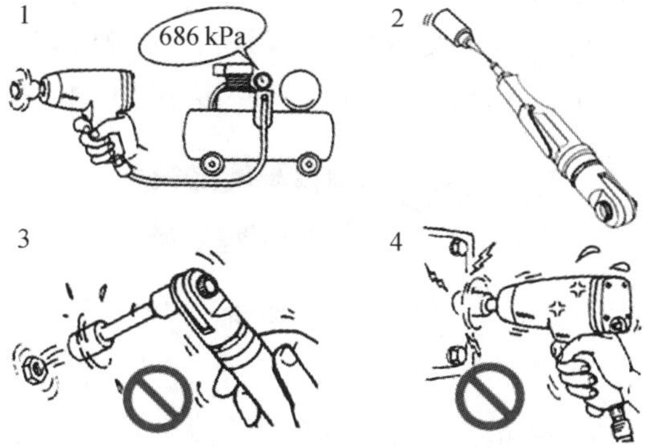

图 1-46　风动工具的使用注意事项

3. 螺钉旋具

螺钉旋具俗称螺丝刀,主要用于旋松或旋紧有槽螺钉。螺钉旋具(以下简称旋具)有很多类型,其区别主要是头部形状,每种类型的旋具都按长度不同分为若干规格。常用的旋具是一字螺钉旋具和十字螺钉旋具(见图 1-47)。

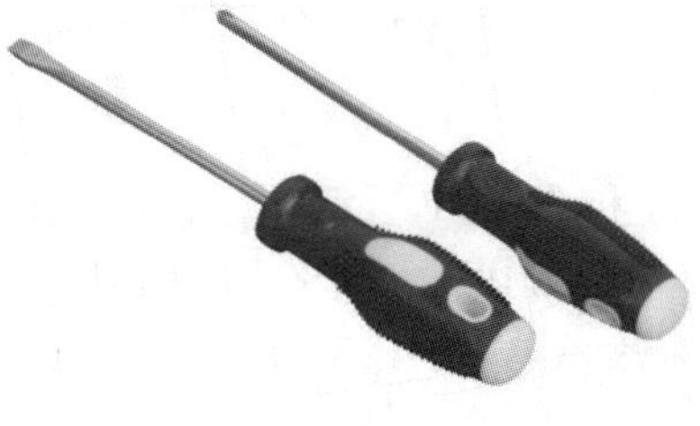

图 1-47　螺钉旋具

一字螺钉旋具又称一字形起子、平口改锥,用于旋紧或旋松头部开一字槽的螺钉,其工作部分一般用碳素工具钢制成,并经淬火处理。其规格以刀体部分的长度表示,常用的规格有 100 mm、150 mm、200 mm 和 300 mm 等几种。使用时,应根据螺钉沟槽的宽度选用相应的规格。十字螺钉旋具又称十字形起子、十字改锥,用于旋紧或旋松头部开十字槽的螺钉,材料和规格与一字螺钉旋具相同。

螺钉旋具的使用方法及注意事项如下:

(1)使用尺寸合适的旋具,其头部形状与螺钉的槽大小合适。

（2）保持旋具与螺钉成直线,边用力边转动。

（3）切勿用鲤鱼钳或其他工具过度施加扭矩,这可能刮削螺钉的凹槽或损坏旋具尖头。

4. 钳子

钳子多用来弯曲或安装小零件,剪断导线或螺栓等。钳子有很多类型和规格。

1）鲤鱼钳

鲤鱼钳如图 1-48 所示,钳头的前部是平口细齿,用于夹持一般小零件;中部凹口粗长,用于夹持圆柱形零件,也可以代替扳手旋小螺栓、小螺母;钳口后部的刃口可剪切金属丝。由于一片钳体上有两个互相贯通的孔,又有一个特殊的销子,因此操作时钳口的张开度可很方便地变化,以适应夹持不同大小的零件,是汽车维修作业中使用最多的手钳。其规格以钳长来表示,一般有 165 mm、200 mm 两种,多用 50 钢制造。

图 1-48　鲤鱼钳

2）钢丝钳

钢丝钳（见图 1-49）的用途和鲤鱼钳相仿,但其支销相对于两片钳体是固定的,故使用时不如鲤鱼钳灵活,但剪断金属丝的效果比鲤鱼钳要好。其规格有 150 mm、175 mm、200 mm 三种。

图 1-49　钢丝钳

3）尖嘴钳和弯嘴钳

尖嘴钳和弯嘴钳如图 1-50 和图 1-51 所示,因其头部细长,所以能在较小的空间内工作。尖嘴钳和弯嘴钳均带刃口,能剪切细小零件,使用时不能用力太大,否则钳口头部会变形或断裂。其规格以全长来表示,常有 125 mm、150 mm、175 mm 三种。

图 1-50　尖嘴钳

图 1-51　弯嘴钳

4）挡圈钳

挡圈钳用于拆装弹性挡圈,分为孔用和轴用两种,每种又可分为直嘴式和弯嘴式。汽车维修保养作业中用得较多的挡圈钳规格为 175 mm。轴用挡圈钳和孔用挡圈钳的主要区别在于:轴用挡圈钳是拆装轴用弹簧挡圈的专用工具,手把握紧时钳口是张开的,如图 1-52 所示;孔用挡圈钳是拆装孔用弹簧挡圈的专用工具,手把握紧时钳口是闭合的,如图 1-53 所示。

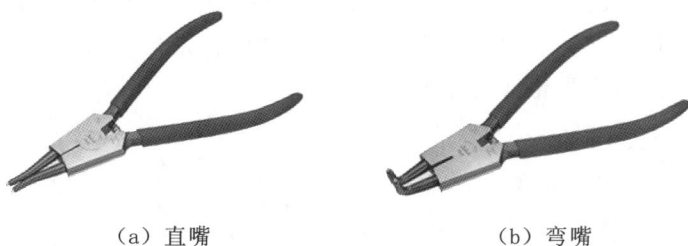

（a）直嘴 　　　　　　　　　　　（b）弯嘴

图 1-52　轴用挡圈钳

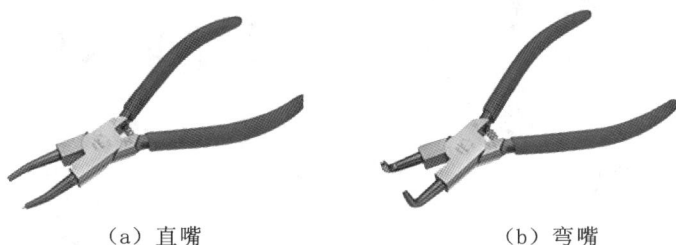

（a）直嘴 　　　　　　　　　　　（b）弯嘴

图 1-53　孔用挡圈钳

5. 锤子

汽车维修中常用的锤子有手锤、木头锤和橡胶锤三种,如图 1-54 所示。手锤通常用工具钢制成,规格按锤头质量划分,汽车维修中最常用的是圆头手锤。使用时应使锤头安装牢靠,手握锤柄末端,用锤头正面击打物体。木头锤和橡胶锤主要用于击打零件加工表面,以保护零件不被损坏。

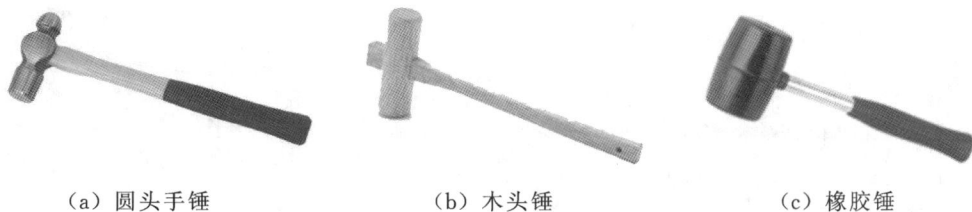

（a）圆头手锤 　　　　　（b）木头锤 　　　　　（c）橡胶锤

图 1-54　锤子

6. 撬棍

撬棍(见图 1-55)为汽车工具箱中的一件普通工具,可用于撬动旋转件或撬开结合面,也可用于工件的整形,使用时将撬棍稳定支撑于某一位置,加力使之转动或撬起。使用时,撬棍不可代替铜棒使用,也不可用于软材质界面结合处。

图 1-55　撬棍

7. 拉器

拉器是用于拆卸过盈配合安装在轴上的齿轮或轴承等零件的专用工具,有二爪与三爪之分,如图 1-56 所示。常用拉器为手动式,在一杆式弓形叉上装有压力螺杆和拉爪。使用时,在轴端与压力螺杆之间垫一块垫板,用拉器的拉爪拉住齿轮或轴承,然后拧紧压力螺杆,即可从轴上拉下齿轮等过盈配合安装零件。

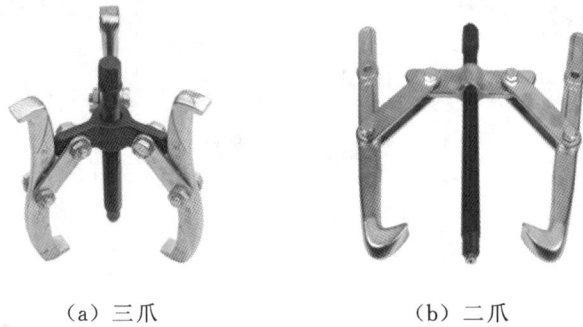

（a）三爪　　　　　（b）二爪

图 1-56　拉器

8. 滑脂枪

滑脂枪又称黄油枪,是一种专门用来加注润滑脂(黄油)的工具,如图 1-57 所示。使用方法如下:

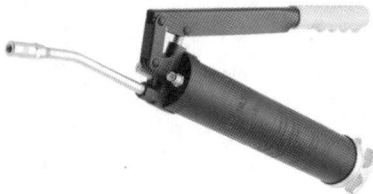

图 1-57　滑脂枪

1）填装黄油

（1）拉出拉杆使柱塞后移,拧下滑脂枪的缸筒前盖。

（2）把干净黄油分成团状,徐徐装入缸筒内,且使黄油团之间尽量相互贴紧,便于缸筒内的空气排出。

（3）装回前盖,推回拉杆,柱塞在弹簧作用下前移,使黄油处于压缩状态。

2）注油方法

（1）把滑脂枪接头对正被润滑的黄油嘴(滑脂嘴),直进直出,不能偏斜,以免影响黄油加注,尽量减少润滑脂的浪费。

（2）注油时,如注不进油,应立即停止,并查明堵塞的原因,排除后再进行注油。

加注润滑脂时,不进油的主要原因有如下几种:

（1）滑脂枪缸筒内无黄油或压力缸筒内的黄油间有空气。

（2）滑脂枪压油阀堵塞或注油接头堵塞。

（3）滑脂枪弹簧疲劳过软而造成弹力不足或弹簧折断而失效。

（4）柱塞磨损过甚而导致漏油。

（5）油脂嘴被泥污堵塞而不能注入黄油。

9. 千斤顶

千斤顶是一种最常用、最简单的起重工具,按照其工作原理可分为机械丝杆式和液压式,如图 1-58 所示。按照所能顶起的质量可分为 3000 kg、5000 kg、9000 kg 等多种不同规格。

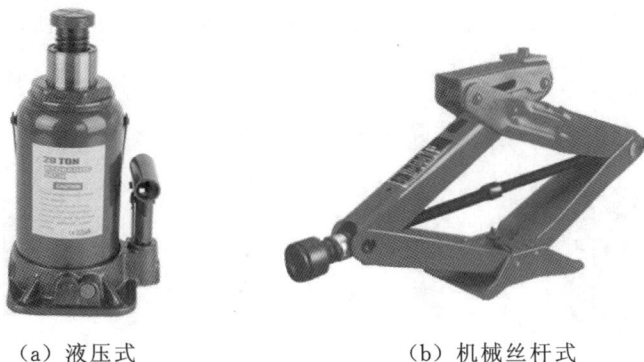

（a）液压式　　　　　　　　　（b）机械丝杆式

图 1-58　千斤顶

在顶升前,要检查修理手册中说明的车辆举升点和马凳的支架支承点。确保马凳调到相同高度,将其放在车辆附近,将车轮挡块放在左前轮胎和右前轮胎的前面(如果车辆从后面顶升的话)。

顶升时,将释放把手拧紧,把千斤顶放在规定位置再顶升车辆,注意它所面对的方向,通常从尾部顶起车辆。切勿将千斤顶放在扭矩梁车桥上顶升。切勿顶升超过千斤顶最大允许荷载的任何车辆。

使用千斤顶时的注意事项如下:

(1) 汽车在起顶或下降过程中,禁止在汽车下面进行作业。在顶升时一定要使用支承架。装好马凳后才可进入车下作业。

(2) 应徐徐拧松液压开关,使汽车缓慢下降,汽车下降速度不能过快,否则易发生事故。

(3) 在松软路面上使用千斤顶起顶汽车时,应在千斤顶底座下加垫一块有较大面积且能承受压力的材料(如木板等),以防止千斤顶下沉。千斤顶与汽车接触位置应正确、牢固。

(4) 千斤顶把汽车顶起后,当液压开关处于拧紧状态时,若发生自动下降故障,则应立即查找原因,及时排除故障后方可继续使用。

(5) 如发现千斤顶缺油时,应及时补充规定油液,不能用其他油液或水代替。

(6) 千斤顶不能用火烘热,以防皮碗、皮圈损坏。

(7) 千斤顶必须垂直放置,以免因油液渗漏而失效。

10. 汽车举升机

汽车举升机可以将车辆抬高以便技术员能在车下以舒适的姿势工作,是用于汽车维修的常用工具,其产品性质、质量好坏直接影响维修人员的人身安全。举升机在汽车维修养护中发挥着至关重要的作用,无论整车大修,还是小修保养,都离不开它。无论是维修多种车型的综合类修理厂,还是经营范围单一的街边店(如轮胎店),几乎都配备有举升机。

举升机按照功能和形状来分,一般可分为剪式、两柱、四柱三大类,如图 1-59 所示。按照功能可分为四轮定位式和平板式;按照占用的空间不同可分为地上式和地藏式。与两柱和四柱举升机相比,剪式举升机最大的优点是占用空间小,方便使用,不足之处则是补油平衡要求很严格,而且需配备控制箱,造价较贵。

(a) 剪式举升机　　　　　　(b) 两柱举升机　　　　　　(c) 四柱举升机

图 1-59　举升机

使用时把车辆置于举升机中心(见图 1-60),把板和臂固定到修理手册所标示的位置上。调整支架直到车辆保持水平为止,始终要锁住臂,将板提升附件位置对准车辆被支承部位,切勿让板提升附件伸出板外,如图 1-61 所示。

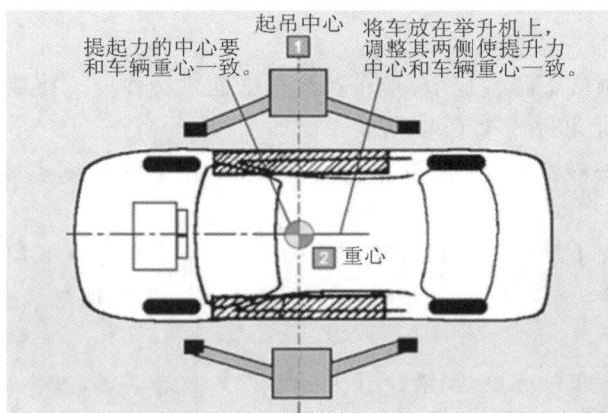

图 1-60　举升车辆前准备(一)

在抬升和降下举升机前要先进行安全检查,并向其他人发出举升机即将启动的信号。一旦轮胎稍离地,就要检查车辆支承是否合适。

如图 1-62 所示,汽车举升机的使用要求和注意事项如下:

(1) 将所有的行李从车上搬出再提升空车。

(2) 除支承部件之外,应没有其他部件在现场。

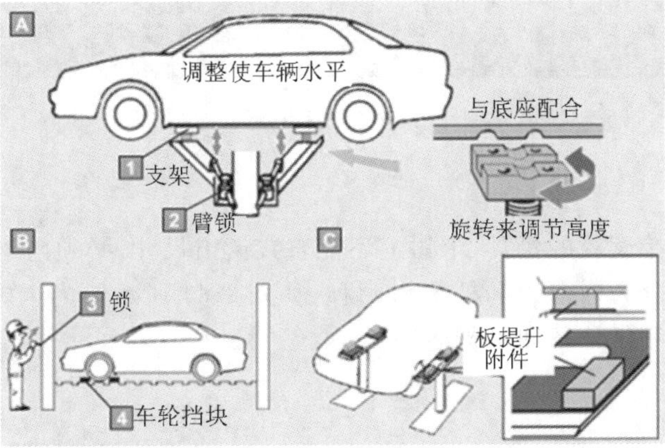

图 1-61 举升车辆前准备（二）

（3）切勿提升超过举升机提升极限的车辆。

（4）带有空气悬架的车辆因其结构关系需要特别处理,具体应参考维修手册的说明。

（5）在提升车辆时切勿移动车辆。

（6）在拆除和更换大部件时要小心,因为汽车重心可能被改变。

（7）提升车辆过程中切勿将车门打开。

（8）如果在一段时间内未完成作业,则要把车放低一些。

图 1-62 举升车辆前准备（三）

二、常用量具

1. 钢板尺

钢板尺（见图 1-63）是一种最简单的测量长度直接读数的量具,用薄钢板制成,常用来粗测工件的长度、宽度和厚度。常见钢板尺的规格有 150 mm、300 mm、500 mm、1000 mm 等。

图 1-63　钢板尺

2. 卡钳

卡钳是一种间接读数的量具,卡钳上不能直接读出尺寸,必须与钢板尺或其他刻线量具配合使用。卡钳分为内卡钳和外卡钳两种,如图 1-64 所示。内卡钳用来测量内径、凹槽等。外卡钳用来测量外径和平行面等。

（a）内卡钳　　　　　　　　　　　　　　　　（b）外卡钳

图 1-64　卡钳

3. 游标卡尺

游标卡尺主要用来测量零件的内外直径和孔(槽)的深度等,其精度分 0.1 mm、0.05 mm、0.02 mm 三种。测量时,应根据测量精度的要求选择合适精度的游标卡尺,并擦净卡脚和被测零件的表面。测量时将卡脚张开,再慢慢地推动游标,使两卡脚与工件接触,禁止硬卡、硬拉。使用后要把游标卡尺卡脚擦净并涂油后放入盒中。

游标卡尺由尺身、游标、活动卡脚和固定卡脚等组成。常用精度为 0.1 mm 的游标卡尺(见图 1-65),其尺身上每一刻度为 1 mm,游标上每一刻度表示 0.1 mm。读数时,先看游标上"0"刻度线对应的尺身刻度线读数,再找出游标上与尺身某刻度线对得最齐的一条刻度线读数,测量的读数为尺身读数加上 0.1 倍的游标读数。

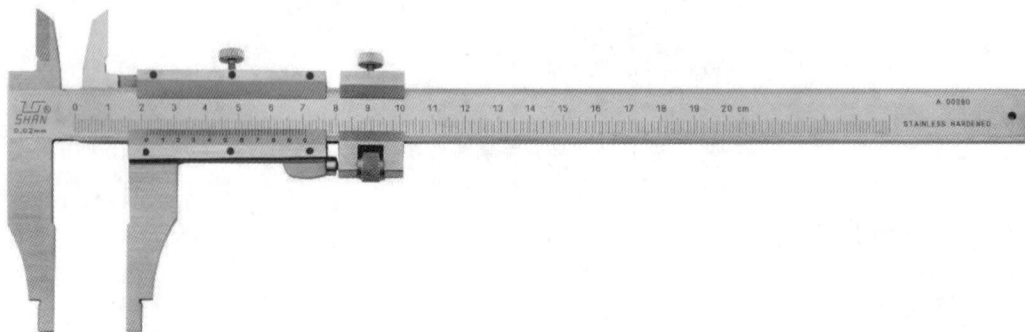

图 1-65　游标卡尺

4. 外径千分尺

外径千分尺是比游标卡尺更精密的量具,其精度为 0.01 mm,如图 1-66 所示。外径千分尺的规格按量程划分,常用的有 0～25 mm、25～50 mm、50～75 mm、75～100 mm、100～125 mm 等规格,使用时应按零件尺寸选择相应规格。使用外径千分尺前,应检查其精度,检查方法是旋动棘轮,当两个砧座靠拢时,棘轮发出两三声"咔咔"的响声,此时,活动套管的前端应与固定套管的"0"刻度线对齐,同时活动套管的"0"刻度线还应与固定套管的基线对齐,否则需要进行调整。

注意:测量时应擦净两个砧座和工件表面,旋动砧座靠近工件表面,直至棘轮发出两三声"咔咔"的响声时方可读数。

外径千分尺的读数方法:固定套管上有两组刻线,两组刻线之间的横线为基线,基线以下为毫米刻线,基线以上为半毫米刻线;活动套管上沿圆周方向有 50 条刻线,每一条刻线表示 0.01 mm。读数时,固定套管上的读数与 0.01 倍的活动套管读数之和即为测量的尺寸。

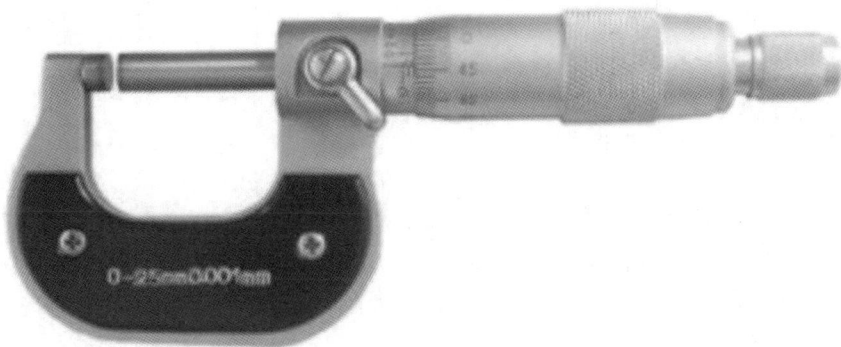

图 1-66 外径千分尺

5. 百分表

百分表主要用于测量零件的形状误差(如曲轴弯曲变形量、轴颈或孔的圆度误差等)或配合间隙(如曲轴轴向间隙)。常见百分表有 0～3 mm、0～5 mm 和 0～10 mm 三种规格。百分表的刻度盘一般为 100 格,大指针转动一格表示 0.01 mm,转动一圈为 1 mm,小指针可指示大指针转过的圈数,如图 1-67 所示。

在使用时,百分表一般要固定在表架上。用百分表进行测量时,必须首先调整表架,使测杆与零件表面保持垂直接触且有适当的预缩量,并转动表盘使指针对正表盘上的"0"刻度线,然后按一定方向缓慢移动或转动工件,测杆则会随零件表面的移动自动伸缩。测杆伸长时,表针顺时针转动,读数为正值;测杆缩短时,表针逆时针转动,读数为负值。

6. 量缸表

量缸表又称内径百分表,主要用来测量孔的内径,如气缸直径、轴承孔直径等。量缸表主要由百分表、表杆和一套不同长度的接杆等组成,如图 1-68 所示。

图 1-67　百分表

图 1-68　量缸表

测量时首先根据气缸(或轴承孔)直径选择长度尺寸合适的接杆,并将接杆固定在量缸表下端的接杆座上;然后校正量缸表,将外径千分尺调到被测气缸(或轴承孔)的标准尺寸,再将量缸表校正到外径千分尺的尺寸,并使伸缩杆有 2 mm 左右的压缩行程,旋转表盘使指针对准零位后即可进行测量。

注意:测量过程中,必须前后摆动量缸表以确定读数最小时的直径位置,同时还应在一定角度内转动量缸表以确定读数最大时的直径位置。

7. 厚薄规

厚薄规又名塞尺,主要用来测量两平面的间隙。厚薄规由多片不同厚度的钢片组成,每片钢片的表面刻有表示其厚度的尺寸值,如图 1-69 所示。厚薄规的规格以长度和每组片数来表示,常见的长度有 100 mm、150 mm、200 mm、300 mm 四种,每组片数有 2～17 等多种。在汽车维修中,厚薄规常用来测量零件之间的配合间隙,如气门间隙、曲轴轴向间隙等。

8. 火花塞间隙量规

火花塞间隙量规用于测量和调节火花塞间隙,如图 1-70 所示,其测量范围为 0.8～1.1 mm。测量时把接地电极放在量规槽里进行弯曲,以便调整间隙。测量方法是,首先清洁火花塞,然后测量间隙最小处的值,使用滑动时有轻微阻力但没有松动的量规,并读出其厚度。

图 1-69　厚薄规

图 1-70　火花塞间隙量规

相关拓展

一、选用工具原则

1. 根据工作的类型选择工具（见图 1-71）

为拆下和更换螺栓/螺母或拆下零件，汽车修理中使用成套套筒扳手比较普遍。如果由于工作空间限制不能使用套筒扳手，可顺序选用梅花扳手或开口扳手。

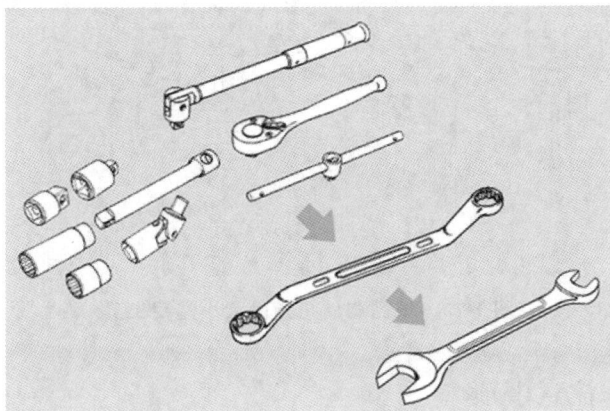

图 1-71　根据工作的类型选择工具

2. 根据工作进行的速度选择工具（见图 1-72）

套筒扳手的优点在于它能旋转螺栓或螺母而不需要重新调整位置，从而可以迅速转动螺栓或螺母。套筒扳手可以根据所装的手柄以各种方式工作。棘轮手柄适合在狭窄空间中使用。然而，由于棘轮的结构，它不可能获得很高的扭矩。滑动手柄要求较大的工作空间，但它能提供最快的工作速度。旋转手柄在调整好手柄后可以迅速工作，但此手柄很长，很难在狭窄空间中使用。

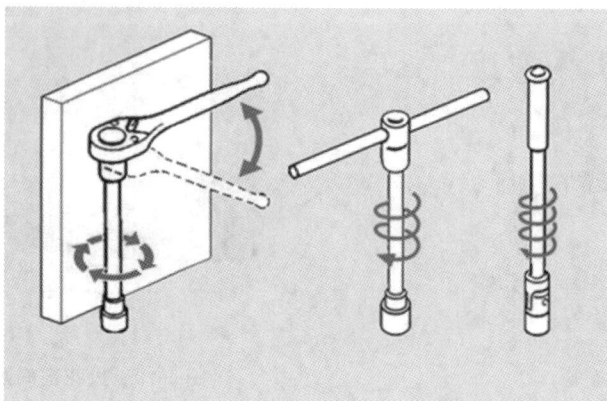

图 1-72　根据工作进行的速度选择工具

3. 根据旋转扭矩的大小选用工具（见图 1-73）

如果最后拧紧或开始拧松螺栓或螺母需要大扭矩,那么需要使用允许施加大力的扳手。可以施加的力的大小取决于扳手柄的长度。手柄越长,用较小的力就可以得到较大的扭矩。如果使用了超长手柄,就有扭矩过大的危险,螺栓有可能折断。

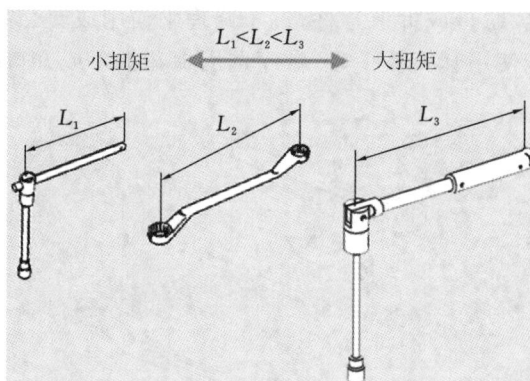

图 1-73　根据旋转扭矩的大小选用工具

二、工具操作注意事项

1. 工具的大小和应用

确保工具的直径与螺栓或螺母的头部大小匹配,使工具与螺栓或螺母完全配合,如图 1-74 所示。

2. 用力强度

始终转动工具以便拉动它,如果由于空间限制无法拉动工具,就用手掌推它。对于已经拧得很紧的螺栓或螺母,可以通过施加冲击力将其松开。但是不能使用锤子和管子(用来加长手柄)来增加扭矩,如图 1-75 所示。

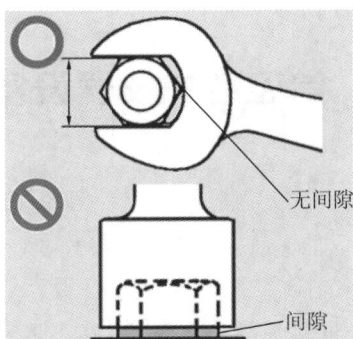

图 1-74　工具的大小和应用

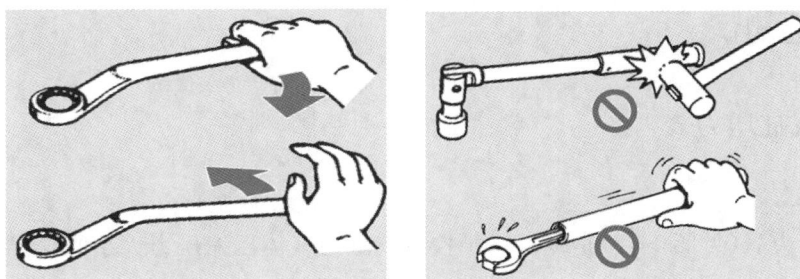

图 1-75　用力强度

3. 使用扭矩扳手

最后的拧紧始终用扭矩扳手来完成，以便将其拧紧到标准值，如图 1-76 所示。

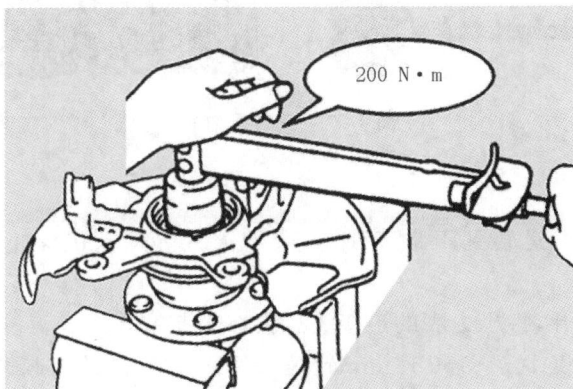

图 1-76　使用扭矩扳手

复习延伸

（1）使用工具和测量仪器时需要注意哪些基本要求？

（2）列举你所见过或用过的举升机，并说明其安全操作流程。

◀ 任务4　常见维护仪器设备的使用 ▶

🗂 学习目标

　　了解汽车保养与维护需要用到哪些仪器设备,熟悉汽车常见维护仪器设备的使用方法和注意事项。

🎯 基础知识

一、气缸压力表

1. 用途

气缸压力表(见图1-77)是专门用于检查气缸内气体压缩压力大小的仪器。

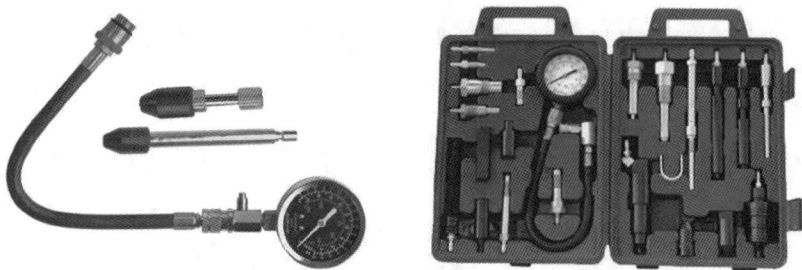

图1-77　气缸压力表

2. 使用方法

　　(1) 启动发动机并运转到正常工作温度,熄火并等发动机停止运转后,卸下全部火花塞。

　　(2) 使节气门全开,将压力表的连接头压紧在火花塞孔上。

　　(3) 启动发动机以100~150 r/min转速转动3~5 s。此时仪表上的指针会逐渐上升,到某一数值即会停止,此时的指示值就是气缸的压缩压力。

　　(4) 按一下按钮,使指针归零。

　　(5) 按以上步骤,重复测量2~3次,以提高测量精度。

　　(6) 一般轿车气缸压力>0.9 MPa,且各缸压力差Δ<8%。

　　如测定值小于规定值,而进气系统正常,可说明气缸与活塞、缸盖存在泄漏,可能的原因为气缸、活塞、气门、活塞环出现磨损、烧蚀等不良情况。如测定值大于规定值,而进、排气系统正常,可能的原因为燃烧室严重积碳。

二、燃油压力表

1. 用途

燃油压力表（见图 1-78）是专门用于检测燃油系统压力的仪器。

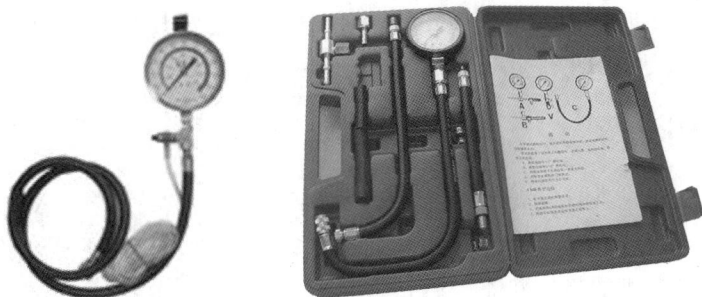

图 1-78　燃油压力表

2. 使用方法

将燃油压力表用三通接头接在燃油压力调节器和喷油嘴之间的管路上进行测量。由测得值可容易判断电动汽油泵、油压调节器等燃油系统元件的工作情况。

（1）安装油压表。

安装油压表时，先将燃油系统卸压，启动发动机，拔下电动汽油泵继电器或电源插头。待发动机熄火后，再启动发动机 2～3 次，即可释放燃油压力。关闭点火开关，装上电动汽油泵继电器或接上电源插头，拆下蓄电池负极搭铁线。将油压表和三通接头一起安装在燃油泵的出油管接头上。

（2）燃油系统初始油压的测量。

用一根导线将电动汽油泵的两个检测插孔短接，接通点火开关，若电动汽油泵进行自动泵油，说明 ECU 初始化运作良好，电源到 ECU 的电路及 ECU 控制油泵的电路正常，油泵工作良好，否则，应该检查 ECU 到油泵的电路、主继电器及油泵继电器等处工作是否正常。电动汽油泵进行 5 s 自动泵油后，观察油压表上的燃油压力，初始油压正常值为 300 kPa 左右，若油压表指针在 300 kPa 左右摆动，说明油压调节器工作正常。测量初始油压结束 5 min 后，观察油压表指示的燃油系统保持压力，应不低于 147 kPa。若油压过高，应检查油压调节器工作是否正常；若油压过低，应检查电动汽油泵保持压力、油压调节器保持压力是否正常，喷油器有无泄漏。

（3）发动机工作时燃油压力的测量。

启动发动机，怠速运转，观察油压表指示的燃油系统保持压力，应不低于 250 kPa。否则，检查真空表是否泄漏或插错，踩下加速踏板，在节气门全开时观察油压表指示的加速油压，应不低于 300 kPa。否则，检查真空管是否泄漏或插错。

（4）拔下油压调节器真空软管后的燃油压力测量。

拔下油压调节器上的真空软管，用手堵住，让发动机怠速运转，观察油压表指示的油压。此时油压应该和节气门全开时的燃油压力基本相同。

（5）燃油系统最大压力的测量。

拔下油压调节器上的真空软管，用手堵住，让发动机运转，观察油压表指示的最大燃油压力。此时油压应上升为工作油压的 2～3 倍，即 490～640 kPa。否则，应检查油泵是否堵塞或磨损，油路是否有泄漏。

（6）燃油系统残余油压的测量。

熄灭发动机，此时观察油压表，燃油系统的残余油压应不低于 147 kPa，且稳定 30 min 不下降，否则说明系统漏油，应做进一步检查。

三、真空压力表

1. 用途

真空压力表（见图 1-79）用于测定运转中发动机进气歧管中的真空度，由指针的摆动状态能够判断发动机的运转状态是否正常。

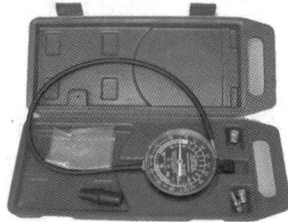

图 1-79　真空压力表

2. 使用方法

（1）启动发动机并运转到正常工作温度，使发动机保持稳定运转；

（2）使用合适的接头将真空压力表装在指定的位置即可测量；

（3）使用真空压力表测量时，为了避免指针急速承受压力而影响测量精度，最好按照规定方法装设真空压力表，开始时应系紧橡胶导管，然后缓缓使指针摆动。

怠速时，表针应稳定在 64～71 kPa 之间，波动范围：六缸机不超过 ±1.6 kPa；四缸机不超过 ±2.5 kPa。迅速开闭节气门，表针应在 6.7～84.6 kPa 之间灵敏摆动。否则，发动机密封不良，或发动机点火正时、配气正时异常，或发动机排气系统存在异常情况。

四、轮胎气压表

轮胎气压表简称胎压表，是测量轮胎气压的专用量具，常用的形式有标杆式和指针式，如图 1-80 所示。测量胎压应该在轮胎冷却时进行，这样才能确保测量的精度。一般指针式胎压表只要对着轮胎阀门安上表头气嘴，就可以显示出轮胎气压，注意安装时要快速压紧以确保密封少漏气。然后可以根据测量值调节轮胎气压，使之符合生产商的规定范围。汽车轮胎的最佳工作压力以汽车厂家给出的数据为准，一般标注在车门框后下侧。测量完毕后，应仔细检查轮胎气门芯是否漏气，若有漏气现象，应予以排除。

(a)标杆式   (b)指针式

图 1-80　轮胎气压表

五、高温高压清洗机

高温高压清洗机如图 1-81 所示,其出水压力大,温度高,清洗效果好,但结构复杂,做工精密。

图 1-81　高温高压清洗机

高温高压清洗机的使用方法如下。

（1）安装。

如果机器是首次使用或长时间没有使用,则需要连接管道冲洗数分钟,检查机器水路是否连通,如不能正常出水,请不要开机。安装时按以下步骤操作:①核对线路电压是否与清洗机铭牌上标注的电压相符;②由专业的技术人员处理清洗机的电气系统,并确保清洗机的安全标准(如地线、熔断丝、漏电断路器等)得到检定;③向机器上的柴油箱内添加燃料(柴油),要求加入的柴油型号为 10♯或更高级别的柴油,以避免劣质柴油导致的燃烧不充分和排烟量增大等问题;④确保机器启动时油箱已装满燃料,以避免损坏燃油泵;⑤将适合所需清洗物件的清洗剂溶解,并注入洗涤剂容器内;⑥连接内径至少为 13～14 mm 的水管至供水处,然后将水管与清洗机上的进水口连接,注意最大压力不得超过 10 bar(1 bar＝10^5 Pa);⑦连接高压管至清洗机上,开始注水。

（2）开启。

按照以下步骤启动清洗机：①旋转启动旋钮以启动机器，等待几分钟以清除管路中的防冻液或排出气泡；②然后停止启动，关闭注水开关；③将高压管安装至喷枪上，并配上喷杆；④再次旋转启动旋钮，等待几秒钟直至压力达到可以开始工作的数值；⑤重复开关喷枪2～3次，以确保系统正常，然后开始正常工作；⑥如果需要使用热水，旋转温度调节旋钮至适当的位置，锅炉将开始启动；⑦等待大约1 min，清洗机即可喷出高温高压水。

（3）关闭。

按照以下步骤关闭清洗机：①首先关闭启动开关，让清洗机继续排水，这样可以使清洗机逐渐冷却。这个步骤可以防止水垢的形成，从而避免损坏清洗机的管道和锅炉盘管。②待清洗机冷却后，先关闭注水开关，让清洗机内的残留水流出，确保清洗机内部的残留水分充分排出。这个方法可以防止机器在冬季因内部残留水分而导致的内部结冰。③关闭清洗机后，打开喷枪，释放软管内的压力。

六、润滑系统免拆清洗机

发动机工作一段时间后，由于工作条件及润滑油组分变质等原因，发动机润滑系统内可能产生焦油、胶质、漆类和金属屑等杂质。由于发动机机油滤清器只能过滤掉大于25 μm的粒子，因此即使更换机油后，机油管路、油底壳及机油泵中仍会残留大量上述杂质，这些残留物会对新加入机油造成污染，严重影响机油的综合性能。

1. 结构原理

润滑系统免拆清洗机（见图1-82）通过将具有一定压力的加气清洗液注入发动机的润滑油道和油泵组件内，实现对润滑系统的清洗。清洗液首先通过小于5 μm的滤清器过滤，然后被压入发动机，形成循环清洗作用。这一过程能够有效清除润滑系统内残留和附着的焦油、胶质、漆类和金属屑，从而保证机油品质，改善发动机性能。

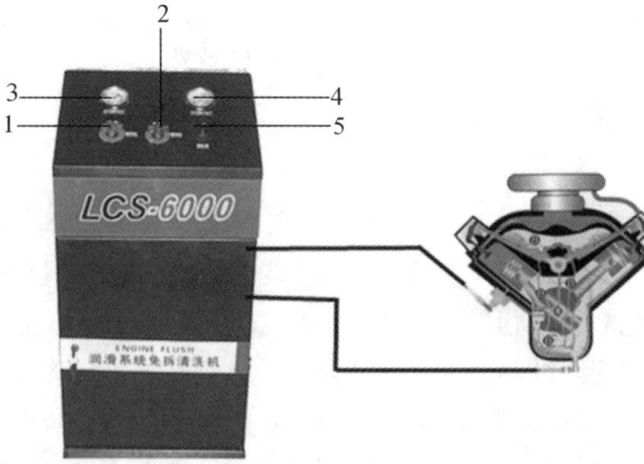

图1-82　润滑系统免拆清洗机

1、2—转换阀；3—液压表；4—气压表；5—调压阀

2. 使用方法

（1）待清洗车进场，确认车处于刹车状态。拧下发动机油底壳放油螺钉，放掉发动机

机油。旋下发动机机油滤清器。

（2）从工具箱中选取合适的接头旋入油底壳放油孔。选择红色油管（抽液管），用工具盒中合适的接头接入油底壳放油孔。从工具箱中选取与发动机机油滤清器相配的接头，并配密封圈将其旋紧。选择蓝色油管（注液管）接入机油滤清器接头。上述工作完成后，再确认红、蓝油管和各接头是否接好。之后取一支新的白色滤芯装入清洗机滤座，加装 O 形密封圈后旋紧透明滤壳。

（3）将清洗液桶盖打开，从机箱中取出回液管塞入桶口后，将清洗液桶放入底箱。设置清洗机转换阀，连接空压机管与清洗机气接头。清洗机即进入注液阶段。将调压阀拉起，把气压表调到 $5\sim6$ kg/cm^2（最大不可超过 6 kg/cm^2），清洗机即进入注液阶段（注意：若液压表压力达到或超过 3 kg/cm^2 则停机检查管路是否堵塞）。

（4）当注液量达到要求后，将调压阀调到最小位置，使清洗机停止工作 15 min 左右（为浸泡阶段）。设置清洗机转换阀，将调压阀拉起，把气压表调到 $5\sim6$ kg/cm^2（最大不可超过 6 kg/cm^2），清洗机即进入循环清洗阶段（注意：若液压表压力达到或超过 3 kg/cm^2，则停机检查管路是否堵塞）。

（5）工作 15 min（时间视发动机状况缩短或延长）后，设置清洗机转换阀，进入清洗液回收阶段。当滤壳内清洗液变空后，再工作 $30\sim60$ s 即可取下空压机管，结束清洗。取下红蓝油管和接头，旋紧油底壳螺钉。加入适量机油，启动发动机运转 1 min，确定机油量足够即可。

3. 注意事项

（1）在清洗中如清洗机外部连接管有泄漏，应立即将调压阀旋至最小位置，待处理妥当后再旋回原位置继续工作。

（2）若清洗机内部有泄漏，须立即取下空气压缩机气管，停止所有工作。

（3）清洗完成后，必须从机器上取下空气压缩机气管。

七、轮胎充氮机

氮气是惰性气体，在轮胎内的渗透率低，可保持胎压稳定，降低爆胎概率，使轮胎寿命延长，并减小轮胎在凹凸路面的振动，使车辆行驶平稳。它还有声音传导率低的特性，从而大大降低了轮胎与地面摩擦时产生的噪声。特别是在高温气候条件下，在高速公路上，氮气轮胎可以充分发挥其优势，提高车辆行驶的稳定性和舒适性。

1. 结构原理

轮胎充氮机（见图 1-83）内装有碳分子筛，可以吸附空气中的氧气，当压缩空气经过轮胎充氮机内的碳分子筛之后，氧气被吸附并排放掉，氮气被收集到储气罐内。

2. 使用方法

（1）接上电源，将轮胎充氮机开关打开。

（2）将无油空压机的接气管与轮胎充氮机的压缩空气入口相连接，将油水分离器上的调压阀调至 0.8 MPa。

（3）轮胎充氮机在制氮几分钟后，即可通过氮气出口连续对轮胎充填氮气。

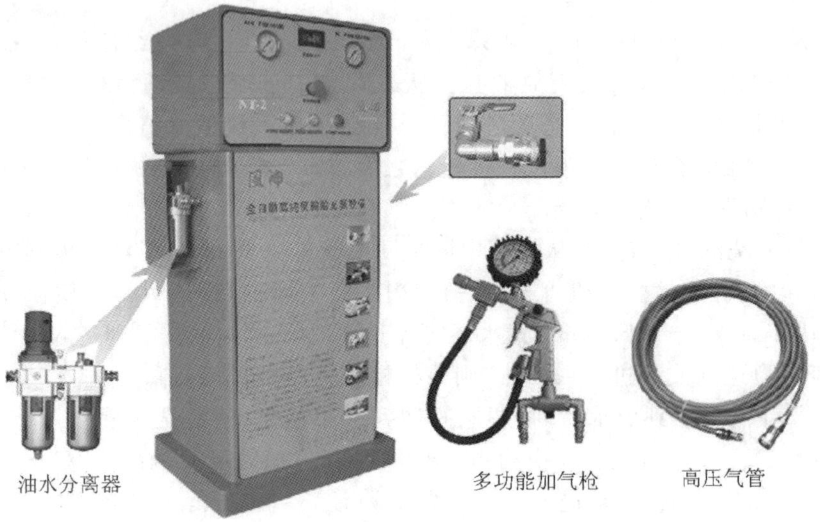

油水分离器　　　　多功能加气枪　　　高压气管

图 1-83　轮胎充氮机

（4）用千斤顶将待充汽车轮胎支起并排放胎内空气。

（5）抽真空：先将打气嘴与轮胎气门嘴相连接（必须将气门芯拆下），用压缩气管接至压缩气入口，旋转开关，将箭头指向压缩入口方向，另一箭头指向打气枪，并拧开真空/加气阀，按下开关，即可进行抽真空。

（6）加气：抽完真空后移开打气嘴，装好气门芯，将氮气管与氮气入口相连接，旋转开关，将箭头指向氮气入口方向，另一箭头指向打气枪，拧紧真空/加气阀，按下开关，即可进行充氮气。

（7）充完氮气后，拆下加气枪，并关好气门嘴，盖好气门帽。

八、轮胎拆装机

汽车轮胎拆装机用于轮胎和轮辋的拆装，使用轮胎拆装机可以有效降低操作人员的劳动强度，提高维修效率，并可避免刮伤轮胎，尤其是避免刮伤中高档汽车的合金轮辋，因此，轮胎拆装机近年来在汽车维修企业得到广泛的应用。

1. 结构原理

轮胎拆装机（见图 1-84）兼拆胎、装胎、充气于一体，操作简单，使用方便，安全可靠。它适用于各种小型车轮胎的拆、装和充气，是汽车修理厂和汽车轮胎店的得力助手。

2. 使用操作

1）拆胎操作

首先将轮胎中的空气全部放掉。然后清除车轮上的杂物和平衡块（见图 1-85），以免发生危险，去除平衡块时应使用专用工具。拆胎操作步骤如下。

（1）拆胎前，请先用毛刷蘸取润滑剂盒中事先放好的有效润滑剂，再润滑胎缘（见图 1-86），否则在压胎时分离铲会磨损胎缘。

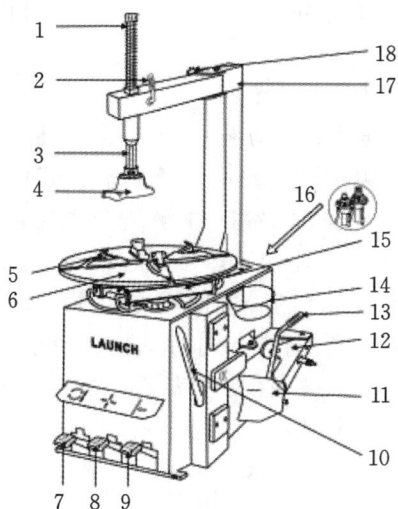

图 1-84 轮胎拆装机结构

1—复位弹簧;2—六方杆锁紧手柄;3—六方杆;4—拆装头;5—卡爪;6—转盘;7—转盘转向脚踏;
8—夹紧气缸脚踏;9—分离铲脚踏;10—撬杠;11—分离铲;12—分离铲臂;13—分离铲操作手柄;
14—油桶环;15—卡爪夹紧气缸;16—气源三联件;17—立柱;18—旋转手柄

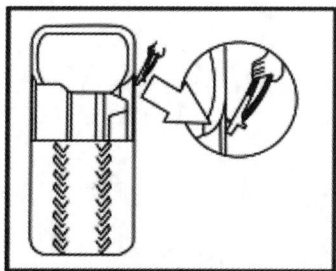

图 1-85 清除杂物和平衡块

图 1-86 润滑胎缘

　　(2) 将轮胎置于分离铲和橡胶垫之间,使分离铲边缘位于胎缘与轮辋之间距轮辋边缘大约 1 cm 处,然后脚踩分离铲脚踏,使胎缘与轮辋分离,如图 1-87 所示。在轮胎其他部分重复以上操作,使胎缘与轮辋彻底脱离。

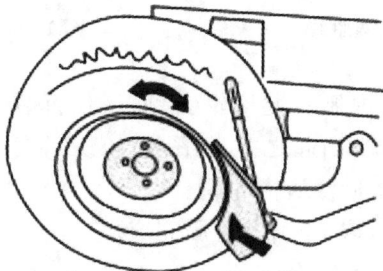

图 1-87 使胎缘与轮辋分离

（3）把胎缘与轮辋已分离的车轮放在转盘上（对于不对称的深槽轮辋,应将窄的轮辋朝上放置）。

（4）脚踩夹紧气缸脚踏到底,夹紧轮辋。

（5）拉回横摆臂,调整横摆臂和六方杆的位置,使拆装头内侧贴紧轮辋外缘,然后转动旋转手柄将横摆臂顶住,再顺时针旋转六方杆锁紧手柄将六方杆锁紧。这时拆装头内侧自然距离轮辋边缘 1～2 mm（见图 1-88）,能够避免划伤轮辋。

（6）用撬杠将胎缘撬在拆装头前端半球形凸起以上（为了方便撬出胎缘,将拆装头对面的轮胎上缘向下压,压到轮槽以内后,再使用专用撬杠将胎缘撬出）,如图 1-89 所示。脚踩转盘转向脚踏,让转盘顺时针旋转,直到胎缘脱落为止。如果有内胎,为了避免损坏内胎,在进行这步操作时,建议将轮胎气门嘴置于拆装头前端 10 cm 左右,如图 1-90 所示。

图 1-88　拆装头位置

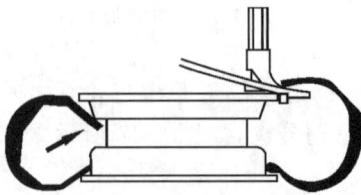

图 1-89　用撬杠撬胎缘

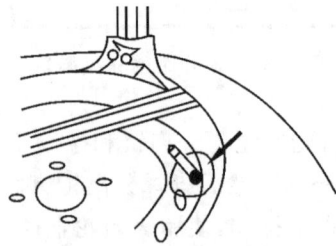

图 1-90　气门嘴避开拆装头

（7）如果有内胎,先取出内胎。上抬轮胎,而后使拆装头相对位置的下胎缘进入轮槽,再将下胎缘撬到拆装头球形凸起之上,如图 1-91 所示。

（8）然后踩下脚踏直至下胎缘脱离轮辋。

（9）踩下脚踏,松开卡爪,取下轮辋,拆胎完成。

图 1-91　轮胎拆装过程

2）装胎操作

在安装轮胎之前,检查轮胎和轮辋尺寸是否相符。

(1) 夹紧轮辋(方法同拆胎夹紧操作)。

(2) 在轮胎和轮辋上涂上有效的润滑剂,如浓肥皂水。

(3) 将轮胎倾斜放在轮辋上,左端向上(见图 1-92),将横摆臂拉回,进入工作位置。

(4) 检查拆装头与轮辋的配合情况,如不符,进行调整。

(5) 调整轮胎与拆装头的相对位置,使轮胎内缘与拆装头交叉。在拆装头尾部,应使胎缘置于拆装头上;在拆装头前端,应使胎缘置于拆装头球形凸起之下。

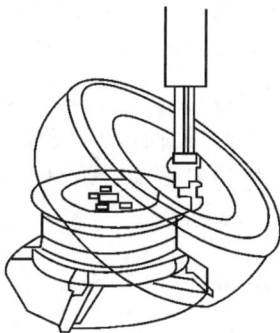

图 1-92　装胎过程

(6) 压低胎肚,脚踩转盘转向脚踏使转盘顺时针旋转,让下部胎缘完全落入轮辋槽内。

(7) 如需要安装内胎,检查内胎是否受过损伤,确认无误后,将其套在轮辋上(在整个安装过程中需要注意内胎的位置)。

(8) 为了安装上胎缘,重新放好轮胎,调整好胎缘位置。与安装下胎缘相同,用手压低胎肚,尽量使胎缘进入轮辋槽内。

(9) 踩下转盘转向脚踏,此时手不要放开。当还有 10～15 cm 的轮胎未装入时,动作要放慢并注意观察轮胎的状态以免撕伤轮胎。一旦感到轮胎有撕伤的迹象或电机停止转动,应立即松开脚踏,然后用脚面抬脚踏使电机反转,使轮胎恢复原状以便再次装胎。

3）充气操作

充气操作如图 1-93 所示。配有一压力表充气枪,用于轮胎的充气及充气压力的读取。

(1) 将轮胎从转盘上松开。

（2）将充气管接头与轮胎气门嘴相连。

（3）缓慢并多次（以免充气压力过高）压充气枪,确定压力表显示的压力不超过轮胎生产厂家所注明的范围,所充气压不要超过 3.5 bar。

（4）若充气压力过高,可用拇指按下充气枪上的放气按钮,以达到所需气压。

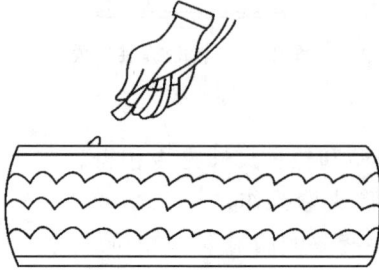

图 1-93　轮胎充气

九、车轮平衡机

车轮不平衡会造成转向盘抖动,使汽车附着力减小,车轮跳动,从而损坏车轮、减振器及转向零件,影响乘坐舒适性和操纵稳定性,增加燃油消耗,以致影响车辆的经济性指标。平衡轮胎将避免由此带来的不利影响。

车轮平衡机体积小,设计精良,操作简便,功能强劲,测量精度高,是测量轮胎动平衡的理想设备,适用于各种中小型车轮的平衡,是汽车修理厂和汽车轮胎店的得力助手。

1. 结构原理

车轮平衡机的结构如图 1-94 所示,包含测量尺、平衡轴、轮罩、操作面板、平衡块槽、挂柄等部件。

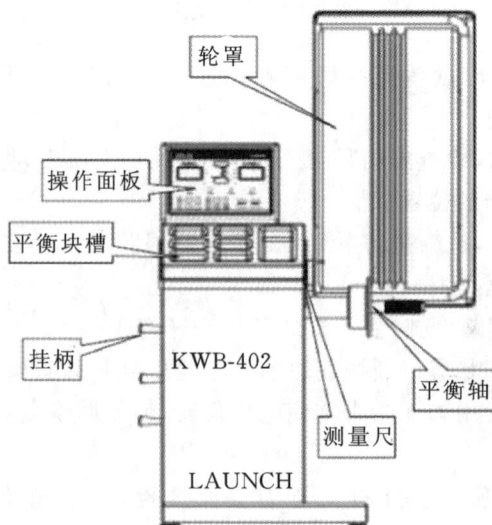

图 1-94　车轮平衡机结构

测量尺,用于自动测量车轮的安装距离(简称轮距)和轮毂直径(简称轮径),并对粘贴式平衡块进行精确定位。操作面板,实现人机对话。挂柄,用于悬挂锥套、轮宽尺等备件。平衡块槽,用于分类盛装配重铅块。平衡轴,用于装配待平衡车轮。

2. 使用操作

1)开机

打开位于机器左侧的电源开关,控制面板上的内侧显示屏显示"080",随后分别改变为"A","8.0"。自检完毕默认选中"动平衡"测量选项。

2)被测车轮的装配

车轮最大重量不能大于 75 kg。装配车轮前必须清除车轮上的杂物和平衡块,以免发生危险。去除平衡块时应使用随机附带的平衡块拆装钳,如图 1-95 所示。

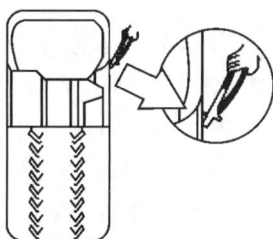

图 1-95 去除平衡块

(1)车轮平衡机适用于可用中心孔定位的车轮安装。把车轮套在平衡轴上,靠近法兰盘。选择一个合适的锥套,用快锁螺母锁紧车轮,如图 1-96 所示。

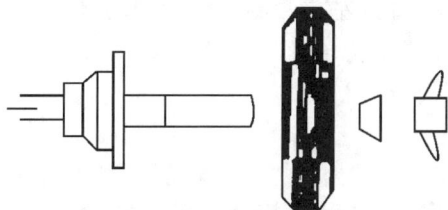

图 1-96 车轮安装方法(一)

(2)当车轮变形使其中心定位面不能正确定位时,可采用如下方法装卡车轮。先装一个锥形弹簧,然后选一个合适的锥套,反向装在平衡轴上。再将匹配端盖装在快锁螺母上。最后将车轮套在锥套上,用端盖与快锁螺母锁紧车轮,如图 1-97 所示。

3)车轮数据的输入

输入的车轮数据正确与否,将直接影响下一步的测量结果,因此必须正确掌握其输入方法。

(1)输入 A 值数据,将测量尺拉至轮辋安装平衡块的位置,读出测量尺上的数据,然后按动面板上 A 旁边的[＋]和[－]按钮,[＋]表示增加,[－]表示减少,直至显示器显示值跟测量值一致,此时左侧显示器显示"A"。

(2)输入 L 值数据,用附件中的宽度测量卡尺量出轮辋对边宽度,按动面板上 L 旁边

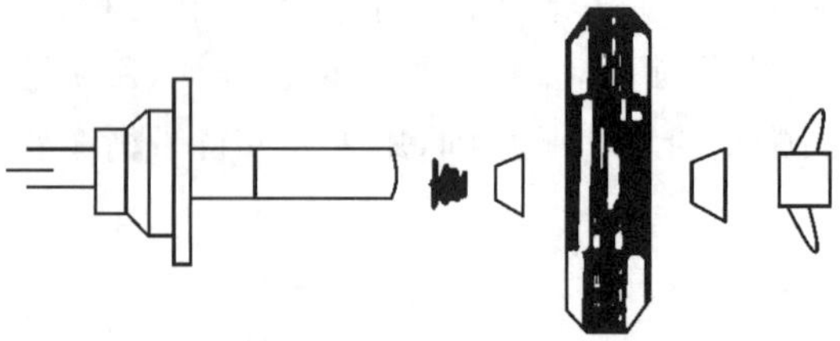

图 1-97 车轮安装方法（二）

的［＋］和［－］按钮，直至显示器显示值跟测量值一致，此时左侧显示器显示"L"。

（3）输入 D 值数据，找到轮辋上标记的名义直径"d"，按动面板上 D 旁边的［＋］和［－］按钮，直至显示器显示值跟实际值一致，此时左侧显示器显示"d"。

4）平衡机功能操作

（1）放下轮罩按［START］键，车轮旋转 7 s 后，机器自动停止。

（2）显示不平衡量，机器停止后，显示器显示的数值为轮胎的不平衡值（平衡机默认单位为克，根据客户需求也可以转换成以盎司为单位，同时按［STOP］键和 A 旁边的［＋］［－］键即可实现此转换），其中左侧显示屏显示的为轮辋内侧不平衡值，右侧显示屏显示的为轮辋外侧不平衡值（静不平衡量只在右侧显示屏上显示）。

（3）用手转动车轮，面板上定位灯不停地闪动。当其中一组指示灯全亮时，表示轮辋最高点位置为不平衡点，其中左侧定位灯对应内侧不平衡点，右侧定位灯对应外侧不平衡点。

（4）在轮辋不平衡点处装上显示器，测得数值的相应平衡块。

（5）重复之前操作步骤，直至左右两侧的显示器均显示为"00"。

（6）从平衡旋转轴上卸下车轮，操作程序结束。

相关拓展

汽车保养与维护的发展趋势分析

1. 市场规模持续增长

随着经济的发展和人们生活水平的提高，汽车保有量不断攀升，这为汽车保养与维护市场提供了坚实的基础。无论是传统燃油汽车还是新能源汽车，都需要定期进行保养和维护，因此庞大的汽车保有量将持续推动市场需求的增长。

汽车使用时间的延长，会使车辆的零部件逐渐老化，需要更频繁地进行保养和维修。例如，行驶一定里程后需要更换机油、空气滤清器、制动摩擦片等易损件，以及对发动机、变速器等核心部件进行维护，这些都为汽车保养与维护市场带来了稳定的业务来源。

2. 新能源汽车维保需求崛起

新能源汽车市场份额不断扩大，其保有量的增加使得新能源汽车的保养与维护需求日益凸显。与传统燃油汽车相比，新能源汽车的动力系统、电池系统等具有独特的结构和工作原理,需要专业的技术和设备进行保养和维修。

新能源汽车技术仍在不断发展和完善,这也促使汽车保养与维护行业不断提升技术水平,以满足新能源汽车的维保需求。例如,电池管理系统的维护、电池的检测与更换、电机驱动系统的故障诊断等,都是新能源汽车保养与维护的重要内容。

3. 连锁化与品牌化经营成为主流

消费者对汽车保养与维护服务的质量和信誉度要求越来越高,更倾向于选择具有品牌知名度和良好口碑的连锁企业。连锁化经营可以提供统一的服务标准、质量保证和售后保障,增强消费者的信任度。

对于汽车保养与维护企业来说,连锁化和品牌化经营可以实现资源共享,从而降低成本、提高效率,增强企业的竞争力。通过建立品牌形象,企业可以吸引更多的客户,扩大市场份额。

4. 数字化与智能化技术应用广泛

智能诊断设备可以快速准确地检测出汽车的故障,提高维修效率和准确性。例如,通过车载诊断系统(OBD)与智能设备的连接,可以实时获取车辆的运行数据,分析车辆的健康状况,为保养和维修提供依据。

线上服务平台为消费者提供了便捷的预约、查询、支付等服务,同时也为企业提供了管理客户信息、优化服务流程的工具。消费者可以通过手机 App 等平台随时随地预约保养服务,了解服务进度和费用明细,提高了服务的透明度和便捷性。

企业可以通过对大量的汽车保养与维护数据进行分析,了解不同车型、不同使用环境下的车辆故障规律和保养需求,为客户提供个性化的服务方案,同时也可以优化企业的库存管理和人员配置等。

5. 绿色环保与可持续发展

在汽车保养与维护过程中,越来越多的环保材料将被应用。例如,使用环保型的机油、清洗剂、油漆等,可以减少对环境的污染。同时,对于废旧零部件的回收和再利用也将得到重视,从而降低资源浪费。

企业将积极推广节能技术,如节能型的汽车保养设备、优化的维修工艺等,以降低能源消耗。这不仅符合国家的环保政策要求,也可以为企业降低成本,提高经济效益。

6. 服务模式多元化

上门保养与维护服务将越来越受欢迎,特别是对于一些工作繁忙、时间紧张的消费者来说,上门服务提供了极大的便利。企业可以通过配备专业的技术人员和移动服务设备,为客户提供保养、维修、检测等上门服务。

消费者的需求日益多样化,定制化服务将成为汽车保养与维护市场的一个重要发展方向。企业可以根据客户的车辆型号、使用情况、个人需求等,为客户提供个性化的保养方案和服务内容,满足客户的特殊需求。

复习延伸

（1）列举你使用过的维护保养设备和仪器。

（2）目前国内有哪些维护保养设备和仪器的制造商？

项目 2　发动机系统保养与维护

◀ 任务 1　更换发动机机油和机油滤清器 ▶

工作场景

车辆停放在检修场地,拉起驻车制动器,打开发动机舱盖,在发动机舱两侧铺上防护垫。若环境亮度不够,准备好局部照明设备。

学习目标

通过此项任务的学习,能正确地更换机油和机油滤清器,了解发动机润滑油的作用和主要使用性能指标,掌握发动机润滑油的选择方法和使用方法。

基础知识

一、发动机润滑油的主要作用

发动机润滑油(又称机油)是润滑系统的液态工作介质,其主要作用是润滑、冷却、清洁、密封和防腐蚀。

(1)润滑作用。发动机润滑油在发动机各相对运动摩擦表面形成润滑油膜,以减少零件的摩擦阻力和磨损。

(2)冷却作用。发动机工作时,发动机润滑油不断地从气缸、活塞、曲轴等摩擦表面吸取热量,一部分热量随着发动机润滑油的循环而消散在曲轴箱中。

(3)清洁作用。燃料燃烧后生成的炭质物、发动机氧化生成的胶状物,以及积碳、漆膜、油泥等发动机沉积物,还有摩擦副中存在的金属磨粒,都会引起发动机故障。发动机润滑油能够抑制这些沉积物的生成,并对已生成的沉积物进行洗涤和清洗。

(4) 密封作用。发动机润滑油能填充活塞、活塞环与气缸壁的间隙,形成油封,提高了气缸的密封性,减少了漏气,从而保证了发动机的输出功率。

(5) 防腐蚀作用。发动机润滑油还可以将零件表面与空气或其他腐蚀性物质隔开,减少或防止零件表面锈蚀或其他腐蚀。

二、发动机润滑油的工作条件

发动机润滑油在发动机中的工作条件十分苛刻,主要表现在以下几个方面:

(1) 温度变化大。机油在发动机中工作时,接触到的各润滑部位温度很高。

(2) 压力高,活塞速度变化大。发动机工作时,燃气最高压力可达 5～9 MPa,活塞环对气缸的侧压力为 2～3 MPa,活塞裙部对气缸的侧压力为 1.0～1.2 MPa。活塞平均速度可达 10～15 m/s,且活塞在上下止点时速度为 0 m/s,活塞在气缸中的速度变化大。因此,摩擦表面难以形成理想的润滑状态,会产生异常磨损和擦伤。

(3) 发动机零件易腐蚀。与可燃混合气和燃烧废气接触的零件(例如气缸、气缸盖、活塞组等)将受到化学腐蚀。

(4) 发动机润滑油易变质。发动机润滑油的高温氧化、曲轴箱窜气、杂质和沉积物的混入,会促使发动机润滑油劣化变质。

(5) 发动机净化装置的采用使发动机润滑油的工作条件恶化。当代汽车为适应日趋严格的汽车排放法规,在传统发动机结构中增加了排气净化装置,例如曲轴箱强制通风装置(PCV)、废气再循环装置(EGR)等。这些装置使发动机润滑油的工作条件恶化,并对发动机润滑油使用性能级别提出了更高的要求。

三、发动机润滑油的使用性能及评定指标

为了保证发动机润滑系的正常使用,同时考虑发动机润滑油苛刻的工作条件,发动机润滑油应具有以下使用性能。

1. 润滑性

在各种润滑条件下,发动机润滑油降低摩擦、减缓磨损和防止金属烧结的能力叫作发动机润滑油的润滑性。发动机润滑油应具有良好的润滑性。

黏度是评定润滑性的重要指标。发动机润滑油应具有适宜的黏度。黏度过大,低温启动困难,油的泵送性能差,易出现干摩擦或半液体摩擦;循环速度慢,冷却和洗涤作用差。黏度过小,高温高压下不能形成足够厚度的油膜,导致摩擦和磨损加剧;密封作用不好,气缸易漏气,功率下降;蒸发性大,增大油耗。

2. 低温操作性

从发动机润滑油方面保证发动机在低温条件下容易启动和可靠供油的性能,叫作发动机润滑油的低温操作性。发动机润滑油的低温操作性包括有利于低温启动和降低启动磨损两方面。

发动机润滑油低温操作性的评定指标主要有低温动力黏度、边界泵送温度以及倾

点等。

（1）低温动力黏度：是非牛顿流体流动时内部阻力特性的量度，该值为在规定的剪切速率下，切应力与剪切速率之比。低温动力黏度是划分冬用润滑油黏度等级的依据之一。

（2）边界泵送温度：指能将发动机润滑油连续和充分地供给润滑系统机油泵入口的最低温度。边界泵送温度是衡量启动阶段发动机润滑油是否易于流到机油泵入口并提供足够压力的性能指标，也是划分冬用润滑油黏度等级的依据之一。

（3）倾点：指在规定冷却条件下试验时，润滑油能够流动的最低温度。倾点是发动机润滑油低温操作性的评定指标之一。

3. 黏温性

温度对油品黏度的影响很大。温度升高，黏度降低；温度降低，黏度升高。润滑油这种由于温度升降而改变黏度的性质叫作黏温性。良好的黏温性是指油品的黏度随温度的变化程度小。

发动机润滑油所接触到的各润滑部位的工作温度差别甚大。因此，就要求发动机润滑油在高温工作时，能保持一定的黏度，以形成足够厚度的油膜，确保润滑效果；而在低温工作时，黏度又不至变得太大，以维持一定的流动性，使发动机低温时容易启动，并减小零件的磨损。

在基础油中加入黏度指数改进剂可提高油品的黏温性。能同时满足低高温使用要求的发动机润滑油叫作多强度发动机润滑油，俗称稠化机油。

发动机润滑油黏温性的评定指标是黏度指数。

4. 清净分散性

发动机润滑油能抑制积碳、漆膜和油泥生成或将这些沉积物清除的性能，叫作发动机润滑油的清净分散性。

发动机润滑油清净分散性的评定指标是硫酸盐灰分和残炭。发动机润滑油的清净分散性主要通过相应的发动机试验来评定。

（1）硫酸盐灰分：指试样炭化后的残留物用硫酸处理，并加热至质量恒定时的残留物质量。硫酸盐灰分可以用来表征新润滑油中已知的含金属添加剂的浓度。

（2）残炭：油品在规定条件下受热蒸发后剩下的黑色残留物叫做残炭。残炭占油品总质量的百分数叫作残炭值。根据残炭量大小，可以大致判断发动机润滑油在结炭的倾向。

5. 抗氧性（氧化安定性）

发动机润滑油氧化：发动机润滑油与氧相互作用反应生成氧化产物，改变其物理和化学性质的过程，叫作发动机润滑油氧化。发动机润滑油抵抗氧化的能力叫作发动机润滑油抗氧性，也称作发动机润滑油氧化安定性。发动机润滑油应具有良好的抗氧性。

发动机润滑油的抗氧性通过相应的发动机润滑油试验来评定。

6. 抗腐蚀性

发动机润滑油抵抗腐蚀性物质对发动机金属零部件腐蚀的能力，称为发动机润滑油的抗腐蚀性。发动机润滑油应具有良好的抗腐蚀性。

发动机润滑油抗腐蚀性的评定指标是中和值或酸值,同时还要进行相应的润滑油试验。

7. 抗泡沫性

发动机润滑油消除泡沫的能力叫作发动机润滑油的抗泡沫性。发动机润滑油抗泡沫性的评定指标是泡沫性。

四、发动机润滑油的分类

国际上广泛采用国际自动机工程师学会(SAE)的黏度分类法和美国石油学会(API)的使用性能分类法。

1. SAE 黏度分类

1911 年,国际自动机工程师学会(Society of Automotive Engineers,原译为美国汽车工程师学会,简称 SAE)制订了发动机润滑油黏度分类法,中间曾几次修改,目前执行的是 SAE J300—2021《发动机润滑油黏度分类》标准,如表 2-1 所示。

表 2-1　发动机润滑油黏度分类

SAE 黏度等级	低温启动黏度 mPa·s 不大于	低温泵送黏度(无屈服应力时)mPa·s 不大于	100 ℃运动黏度 mm²/s 大于	100 ℃运动黏度 mm²/s 小于	150 ℃高温剪切黏度不小于
实验方法	GB/T 6538	SH/T 0562	GB 265	GB 265	SH/T 0751*
0W	−35 ℃时,6200	−40 ℃时,60000	3.8	—	—
5W	−30 ℃时,6600	−35 ℃时,60000	3.8	—	—
10W	−25 ℃时,7000	−30 ℃时,60000	4.1	—	—
15W	−20 ℃时,7000	−25 ℃时,60000	5.6	—	—
20W	−15 ℃时,9500	−20 ℃时,60000	5.6	—	—
25W	−10 ℃时,13000	−15 ℃时,60000	9.3	—	—
8	—	—	4	6.1	1.7
12	—	—	5	7.1	2
16	—	—	6.1	8.2	2.3
20	—	—	6.9	9.3	2.6
30	—	—	9.3	12.5	2.9
40	—	—	12.5	16.3	3.5(0W40,5W40,10W40)
40	—	—	12.5	16.3	3.7(15W40,20W40,25W40,40)

SAE 黏度等级	低温启动黏度 mPa·s 不大于	低温泵送黏度（无屈服应力时）mPa·s 不大于	100 ℃运动黏度 mm²/s 大于	100 ℃运动黏度 mm²/s 小于	150 ℃高温剪切黏度不小于
50	—	—	16.3	21.9	3.7
60	—	—	21.9	26.1	3.7

（1）低温黏度等级：用带"W"的数字表示，如 0W、5W、10W、15W、20W、25W 等。数字越小，表明润滑油在低温环境下的流动性越好，能更快到达发动机各部件，在冷启动时提供更好的保护。

（2）高温黏度等级：用不带"W"的数字表示，如 20、30、40、50、60 等。数字越大，润滑油在高温下的黏度越高，能更好地保持油膜强度，防止发动机部件因高温而磨损。

多级油如 5W-30、10W-40 等，同时具备良好的低温流动性和高温稳定性，可在较宽的温度范围内满足发动机的润滑需求。

2. API 分类

API 是美国石油学会的缩写，其分类主要用于评定发动机润滑油的质量等级和性能。

（1）汽油发动机油质量等级：从 SA 到最新的 SP 等，字母越靠后，质量等级越高，性能越优。如 SP 等级油在抗磨损、抗氧化、抗沉积物形成及应对涡轮增压直喷发动机的低速早燃问题等方面有更好表现，能为现代高性能汽油发动机提供更可靠的保护。

（2）柴油发动机油质量等级：从 CA 到 CK-4 等级，字母顺序靠后的等级，在抗磨损、抗氧化、抗腐蚀、控制积碳和油泥生成等方面性能更优，能够满足不同类型柴油发动机的润滑需求，尤其是适应高压共轨、涡轮增压等先进技术的柴油发动机。

（3）服务类别标识：API 分类在油桶包装上通常有服务类别标识，如"API SN PLUS"等，便于用户直观了解油品适用的发动机类型和性能水平，帮助用户正确选择适合车辆发动机的润滑油。

我国发动机润滑油的黏度分类主要参照 SAE J300—2021 的标准确定，具体分类如表 2-2 所示。

表 2-2　我国内燃机油的黏度分类（GB/T 14906—2018）

黏度等级	低温启动黏度 mPa·s 不大于	低温泵送黏度（无屈服应力时）mPa·s 不大于	运动黏度（100 ℃）mm²/s 不小于	运动黏度（100 ℃）mm²/s 小于	高温高剪切黏度（150 ℃）mPa·s 不小于
试验方法	GB/T 6538	NB/SH/T 0562	GB/T 265	GB/T 265	SH/T 0751[a]
0W	6200 在−35 ℃	60000 在−40 ℃	3.8		
5W	6600 在−30 ℃	60000 在−35 ℃	3.8	—	—
10W	7000 在−25 ℃	60000 在−30 ℃	4.1	—	—
15W	7000 在−20 ℃	60000 在−25 ℃	5.6	—	—

黏度等级	低温启动黏度 mPa·s 不大于	低温泵送黏度 （无屈服应力时） mPa·s 不大于	运动黏度 （100 ℃） mm²/s 不小于	运动黏度 （100 ℃） mm²/s 小于	高温高剪切黏度 （150 ℃） mPa·s 不小于
20W	9500 在−15 ℃	60000 在−20 ℃	5.6	—	—
25W	13000 在−10 ℃	60000 在−15 ℃	9.3	—	—
8	—	—	4.0	6.1	1.7
12	—	—	5.0	7.1	2.0
16	—	—	6.1	8.2	2.3
20	—	—	6.9	9.3	2.6
30	—	—	9.3	12.5	2.9
40	—	—	12.5	16.3	3.5(0W-40.5W-40 和 10W-40 等级)
40	—	—	12.5	16.3	3.7(15W-40,20W-40, 25W-40 和 40 等级)
50	—	—	16.3	21.9	3.7
60	—	—	21.9	26.1	3.7

注:a 也可采用 SH/T 0618、SH/T 0703 方法,有争议时,以 SH/T 0751 为准。

技能训练

发动机润滑油的更换

(1)将汽车停在平地上,启动车辆预热到正常温度,熄火车辆,打开机油加注口盖,并放在机油加注口上,如图 2-1 所示。

图 2-1　打开机油加注口盖

（2）将车辆举升到合适位置，用工具拧开发动机油底壳放油螺栓（见图 2-2），用机油回收机接住废机油，使机油完全排出。

图 2-2 拧开油底壳放油螺栓

（3）用机油滤清器专用扳手拆下机油滤清器，如图 2-3 所示。

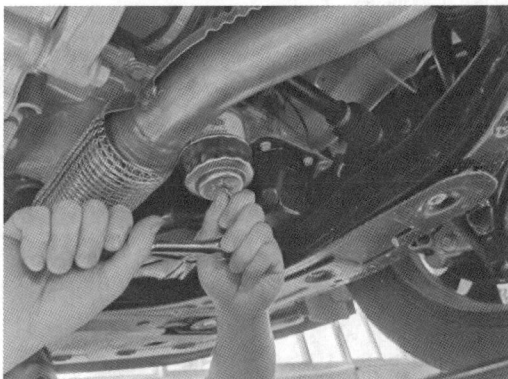

图 2-3 拆下机油滤清器

（4）装回发动机油底壳上的放油螺栓，并用扭矩扳手紧固到规定力矩，如图 2-4 所示。

图 2-4 装回油底壳放油螺栓

（5）检查新的机油滤清器型号是否与原车一致，并在密封圈上涂上少量机油，如图 2-5 所示。

图 2-5　检查新的机油滤清器

（6）清洁发动机上的安装表面，用手将机油滤清器拧到不动，然后用专用工具紧固机油滤清器至规定力矩，如图 2-6 所示。

图 2-6　紧固机油滤清器

（7）降落车辆，加注新的机油至规定液位（见图 2-7），安装机油加注口盖。

图 2-7　加注新机油

（8）将汽车停在平地上,启动发动机,检查发动机是否漏油,如图 2-8 所示。当发动机熄火后,等几分钟后再检查机油液位。

图 2-8　检查发动机漏油情况

（9）抽出机油尺,检查机油液位是否合适,如图 2-9 所示。

图 2-9　检查机油液位

相关拓展

一、机油的分类与特性

矿物油:从石油中提炼,成本低,性能一般,适用于一些对机油性能要求不高的老旧车型或低成本车型,换油周期较短,一般为 5000 公里或半年。

半合成油:矿物油和合成油的混合物,性能与价格均适中,适用于大多数家用车,换油周期约 7500 公里或 9 个月。

全合成油:人工合成机油,性能好,能耐高温、抗磨损,能为发动机提供更好的保护,适用于高性能车、涡轮增压车等,换油周期可延长至 10000 公里或 1 年,甚至更久。

二、不同车型的机油选择

日系车：发动机精度高，间隙小，常推荐低黏度机油，如 0W-20、5W-20 等，能降低油耗，提升燃油经济性。

德系车：发动机技术先进，工作温度高，对机油的高温性能和抗磨损性要求高，多使用5W-30、0W-40 等黏度较高的机油。

美系车：发动机排量大，动力强，一般适合 5W-30、5W-40 的机油，能满足其对机油的抗磨和润滑要求。

复习延伸

（1）发动机润滑油的主要作用有哪些？

（2）为确保发动机正常工作，对发动机润滑油提出了哪些要求？

（3）简述发动机润滑油的主要使用性能指标。

（4）国际上是如何对发动机润滑油进行分类的？

（5）如何正确选用发动机润滑油？

（6）如何检测发动机润滑油的质量？

◀ 任务 2 更换发动机冷却液 ▶

工作场景

车辆停放在检修场地，拉起驻车制动器，打开发动机舱盖，在发动机舱两侧铺上防护垫。若环境亮度不够，准备好局部照明设备。

学习目标

通过此项任务的学习，学会正确更换发动机冷却液。

基础知识

车辆发动机散热器防冻冷却液（简称冷却液）在高温状态下长期使用，必然容易变质，使用性能随使用时间逐渐下降，因此，必须定期更换。冷却液的更换周期一般为两年或每行驶 40000～50000 公里更换一次。如果是出租车，那得更换得勤些，比如一年或 30000公里换一次。更换冷却液时应放净旧液，将冷却系统清洗干净后，再换上新液。对于冷却系统容积大、车辆集中管理的大型车队,为了减少浪费,冷却液加注后不要随意更换,可对使用中的冷却液实行定期定项检查,如每年可结合换季保养对冷却液进行冰点、比重检查。同时还可对使用中的冷却液进行外观检查,发现冷却液变稠、变浊、变质、变味、发泡等应及时更换。

🎬 技能训练

一、冷却液的更换

(1)首先关掉发动机并让其冷却,以免更换冷却液时水温过高对人体造成伤害。

(2)停车后要检查车下有无大量水迹,发动机室内有无水痕,发现冷却液有泄漏的,应查明原因并修理,确保换用新冷却液后不再有类似故障。

(3)待发动机冷却后,在排放冷却液前,将仪表板的暖风开关拨至一端,使暖风控制阀完全开启。

(4)拧下冷却液膨胀箱(平衡储液罐或水箱)旋盖,注意应先拧松一部分使内部高压气流减弱后,才完全拧开盖子。

(5)松开水泵口软管夹箍,拉出冷却液软管,放出冷却液。

(6)检查冷却液状态,若冷却系统需要清洗,则加入足量清水与清洗液在怠速下清洗冷却系统 10～30 min(时间长短视情况而定),然后将清洗液放出,用清水再冲洗 1～2 次,直至放出干净的清水为止,最后将冷却液软管用夹箍夹紧。

(7)根据气候状况和车辆状况选用合适的冷却液,切勿用自来水、路边积水作冷却液。将冷却液慢慢加入膨胀箱内,直至液面高度与最高标志齐平为止(MAX)。

(8)拧紧膨胀箱旋盖,启动发动机直至风扇运转 2～3 min。

(9)将发动机熄火,检查冷却液液面高度,必要时补充至足量。

(10)行车过程中要经常检查冷却液液面,不足时要补充,用剩的冷却液要密封保管。

二、操作注意事项

(1)待冷却液放尽后,应旋紧气缸体和散热器放液开关。

(2)从散热器加液口加注规定冷却液,直到储液罐中的冷却液液面高度达到规定(MAX 刻度线)。

(3)此时,盖好散热器盖,让发动机运转到正常工作温度后,停机熄火待冷却液冷却到室温。

(4)再观察储液罐液面高度,视情添加,直到发动机怠速运转时,储液罐内没有空气出现。

🔍 相关拓展

一、冷却系统的组成

在整个冷却系统（见图 2-10）中，冷却介质是冷却液，主要零部件有节温器、水泵、水泵皮带、散热器、散热风扇、水温感应器、储液罐、采暖装置（类似散热器）。

水泵：发动机工作时通过皮带驱动水泵工作，将水箱内的冷却液抽入发动机缸体。

水箱：也称散热器，用于冷却液的散热。

风扇：由发动机通过皮带驱动或由电机驱动，用于加速水箱的冷却气流。

节温器：调节冷却液的循环流向和流量，实现冷却强度的调节。

水温感应器和水温表：水温表安装在仪表内，指示冷却液的工作温度；水温感应器安装在水道上，将水温信号传给水温表。

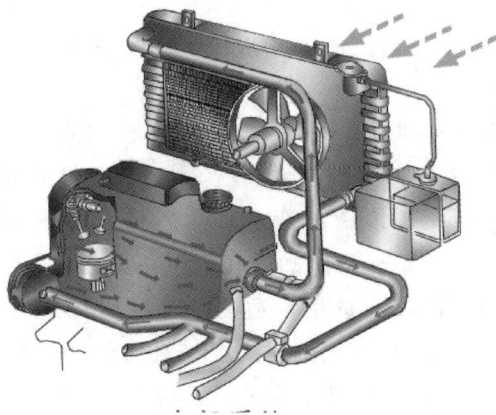

图 2-10　冷却系统

二、汽车发动机的冷却方式

汽车发动机的冷却系统为强制循环水冷系统（见图 2-11），即利用水泵提高冷却液的压力，强制冷却液在发动机和水箱之间循环流动。冷却液在发动机内吸收热量，温度升高，在水箱内散热，温度下降，从而保证发动机工作在适宜的温度条件下。

三、冷却液的组成

冷却液由水、防冻剂、添加剂 3 部分组成，按防冻剂成分不同可分为酒精型、甘油型、乙二醇型。酒精型冷却液是用乙醇（俗称酒精）作防冻剂制成的，价格便宜，流动性好，配制工艺简单，但存在沸点较低、易蒸发损失、冰点易升高、易燃等缺点，现已逐渐被淘汰。甘油型冷却液沸点高、挥发性小、不易着火、无毒、腐蚀性小，但降低冰点效果不佳、成本高、价格昂贵，只有少数北欧国家仍在使用。乙二醇型冷却液是用乙二醇作防冻剂，并添加少量抗泡沫、防腐蚀等综合添加剂配制而成的。由于乙二醇易溶于水，可以任意配成各

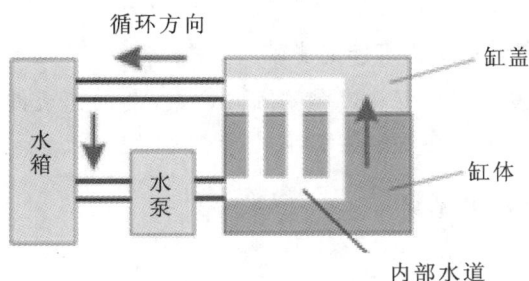

图 2-11 发动机的冷却方式

种冰点的冷却液,其最低冰点可达－68 ℃,这种冷却液具有沸点高、泡沫倾向低、黏温性能好、防腐蚀和防水垢等特点,是一种较为理想的冷却液,目前国内外发动机所使用的和市场上所出售的冷却液几乎都是乙二醇型冷却液。

四、冷却液的作用

冷却液是汽车发动机不可缺少的一部分。它在发动机冷却系统中循环流动,将发动机工作中产生的多余热能带走,使发动机能以正常工作温度运转。当冷却液不足时,将导致发动机水温过高,进而导致发动机机件的损坏。车主一旦发现冷却液不足,应该及时添加。不过冷却液也不能随便添加,因为除了冷却作用外,冷却液还应具有以下功能:

1. 冬季防冻

为了防止汽车在冬季停车后,冷却液结冰而造成水箱、发动机缸体胀裂,要求冷却液的冰点应比该地区最低温度低 10 ℃左右,以备天气突变。

2. 防腐蚀

冷却液应该具有防止金属部件腐蚀、防止橡胶件老化的作用。

3. 防水垢

冷却液在循环中应尽可能少地减少水垢的产生,以免堵塞循环管道,影响冷却系统的散热功能。综上所述,在选用、添加冷却液时,应该慎重。首先,应该根据具体情况去选择合适配比的冷却液。其次,按照正确的操作规范将选择好配比的冷却液添加到水箱中,使液面达到规定位置(MAX 刻度线)。

4. 高沸点(防开锅)

符合国家标准的冷却液,其沸点通常都超过 105 ℃,比起水的沸点 100 ℃,冷却液能耐受更高的温度而不沸腾(开锅),这在一定程度上满足了高负荷发动机的散热冷却需要。

五、冷却液温度对发动机的影响

1. 冷却液温度过低对发动机工作的影响

冷却液温度过低,未汽化的燃油会冲刷气缸内壁,加速气缸的磨损;冷却液温度过低将导致可燃混合气的点燃和燃烧延迟,使发动机功率下降,油耗也会相应升高。

2. 冷却液温度过高对发动机工作的影响

冷却液温度过高,发动机早燃和爆燃的倾向增大,会加速机件的损坏;若发动机缺冷却液,则有可能导致活塞卡死在气缸内。

六、冷却系统的大小循环

1. 小循环

当冷却液的温度低于 80 ℃时,石蜡呈固态,弹簧将阀门压在座上,阀门关闭,冷却液由旁通口流入空调散热器进水管而不流入散热器,即进行小循环,冷却系统的冷却强度小。

2. 大循环

当冷却液的温度高于 80 ℃时,石蜡熔化为液态,其体积膨胀,迫使橡胶套收缩,反推杆上端因固定而不能上移,橡胶套推动外壳克服弹簧的弹力而向下移动,打开阀门,大部分冷却液即可沿散热器进水管进入散热器,即进行大循环,小部分冷却液仍进行小循环,冷却系统的冷却强度增大。

风扇电机安装在散热器的后方,由它带动风扇,风扇电机的工作由其温控开关控制。风扇电机的功用是根据冷却液的温度自动改变流经散热器散热片间的空气流量,以此来调节发动机冷却系统的冷却强度。

复习延伸

某车在行驶过程中出现水箱(散热器)"开锅"的现象,试分析"开锅"的原因及排除方法。

◀ 任务3　更换发动机空气滤清器 ▶

工作场景

车辆停放在检修场地,拉起驻车制动器,打开发动机舱盖,在发动机舱两侧铺上防护垫。若环境亮度不够,准备好局部照明设备。

学习目标

(1) 熟知空气滤清器的作用。
(2) 能更换空气滤清器。

基础知识

一、空气滤清器的作用

空气滤清器有如下作用：①过滤空气中的杂质；②减少发动机的磨损；③消除进气噪声。

二、对空气滤清器的要求

各种空气滤清器各有优缺点，但不可避免地都存在进气量与滤清效率之间的矛盾。随着对空气滤清器的深入研究，对空气滤清器的要求也越来越高。

近年来，出现了一些新型的空气滤清器，如纤维滤芯空气滤清器、复式过滤材料空气滤清器、消声空气滤清器、恒温空气滤清器等，以满足发动机工作的需要。

三、为什么要定期更换发动机空气滤清器

空气滤清器在使用到一定里程后，就会被尘土堵塞，使空气滤清效果变差，使发动机磨损加剧，导致使用寿命降低。此外，空气滤清器被尘土堵塞后，还会导致发动机的进气阻力增加，充气效率降低，出现混合气燃烧不完全、发动机动力下降等故障现象，因此一定要定期更换空气滤清器，使发动机保持良好状态。

更换空气滤清器周期应以汽车厂家维修手册为准。

技能训练

更换发动机空气滤清器

（1）检查或更换空气滤清器时，应先关闭发动机，清洁空气滤清器外表面。

（2）用工具拆卸空气滤清器外壳螺栓，拆下空气滤清器外壳，如图 2-12 所示。

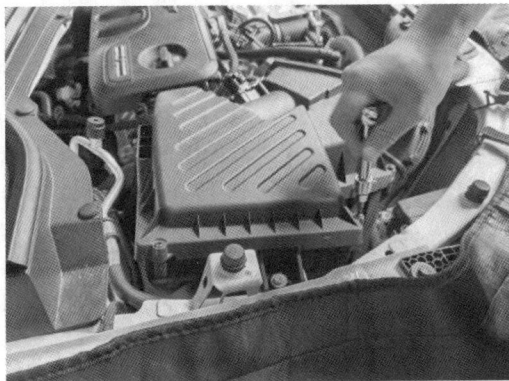

图 2-12　拆卸空气滤清器外壳

（3）取出空气滤清器滤芯，如图 2-13 所示。

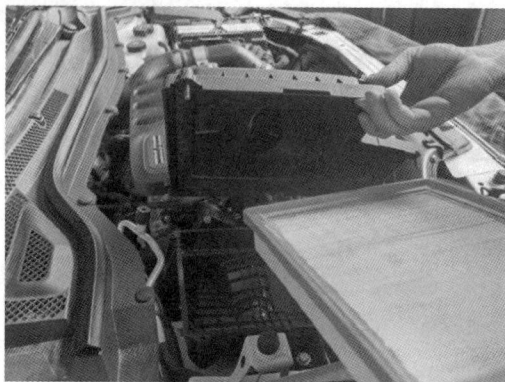

图 2-13　取出空气滤清器滤芯

（4）清洁空气滤清器内部接触面上的灰尘，如图 2-14 所示。

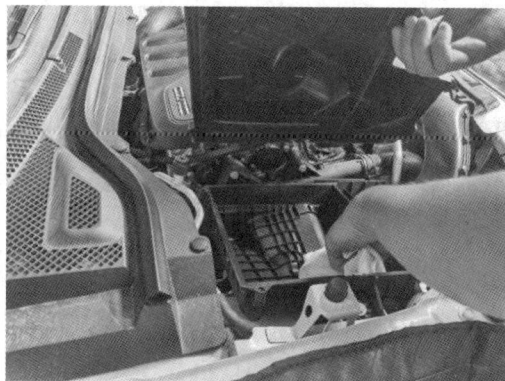

图 2-14　清洁空气滤清器内部接触面

（5）装上新的空气滤清器滤芯（见图 2-15），装上空气滤清器外壳。

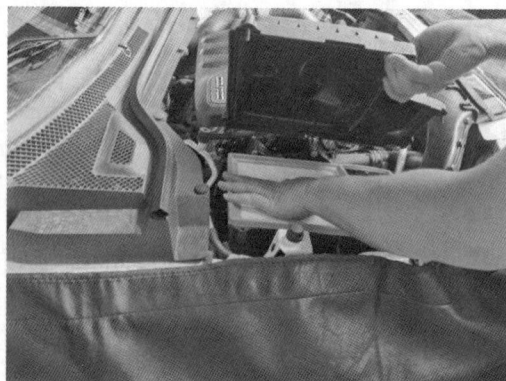

图 2-15　安装空气滤清器滤芯

🕶 相关拓展

一、空气滤清器的类型及特点

纸质滤清器：由微孔滤纸制成，成本低，过滤效率高，能有效滤除灰尘杂质，广泛应用于各类汽车，但其使用寿命有限，易堵塞，需定期更换。

海绵滤清器：用多孔海绵材料制作，透气性好，可反复清洗使用，成本较低，但过滤精度相对较低，常用于一些对过滤要求不太高的车辆或设备。

金属网滤清器：由金属丝网构成，强度高，耐高温，可重复使用，不过过滤效果一般，通常用于特殊环境或对可靠性要求极高的车辆。

二、不同使用环境对空气滤清器更换周期的影响

城市路况：在城市路况中运行的车辆多在拥堵环境中行驶，空气滤清器主要过滤城市中的灰尘、尾气颗粒等。若城市空气质量较好，可每行驶1.5万～2万公里更换一次空气滤清器；若城市空气质量差，则需每行驶1万～1.5万公里更换一次空气滤清器。

乡村土路：车辆在乡村土路上行驶时会接触大量尘土，空气滤清器易堵塞，建议每行驶5000～10000公里就进行一次空气滤清器检查，必要时更换。

工业污染区：工业污染区的空气中含大量工业粉尘、化学污染物，对空气滤清器损害大，车辆每行驶1万～1.2万公里就应考虑更换空气滤清器。

🛠 复习延伸

(1) 为什么要更换空气滤清器？

(2) 更换空气滤清器应注意哪些问题？

◀ 任务4 更换发动机燃油滤清器 ▶

🕶 工作场景

车辆停放在检修场地，拉起驻车制动器，打开发动机舱盖，在发动机舱两侧铺上防护垫。若环境亮度不够，准备好局部照明设备。

📋 学习目标

(1) 熟知燃油滤清器的作用。

(2) 能更换燃油滤清器。

🎯 基础知识

一、燃油滤清器的作用

燃油滤清器有如下作用：
(1) 将汽油中的水分和杂质滤除。
(2) 保证发动机燃油系统的正常工作,减少发动机燃油系统机件的磨损,延长发动机的使用寿命。

二、为什么要定期更换发动机燃油滤清器

由于汽油是经过复杂的化学工艺提炼而成的,在运输和储存过程中不可避免地会掺入一些水分和杂质,这些水分和杂质最终都会进入油箱内。另外,随着汽车使用里程的增加,油箱内的水分和杂质也会相应增加。这样,时间久了用于过滤汽油的燃油滤清器就会出现脏污,过滤效果就会大大降低,使发动机燃油系统不能正常工作,造成发动机动力性能下降,经济性变差。

燃油滤清器一定要按照汽车厂家规定的发动机维护周期进行更换。

🔧 技能训练

燃油滤清器的更换周期和更换方法因车型而异,因此应参照本车型的维修手册来确定更换的时间和步骤。以本田雅阁车型为例,燃油滤清器的更换方法如下:
(1) 拆除加油盖。
(2) 启动发动机,让它怠速运转。
(3) 利用本田的专用诊断仪进入菜单,让燃油关闭,然后让发动机怠速运转直至停止。
(4) 关闭点火开关。
(5) 释放燃油压力。
(6) 拆下行李舱底板。
(7) 从底板上拆下检查口面板。
(8) 断开燃油泵插接器。
(9) 从燃油箱装置上断开快速接头。
(10) 拆下燃油箱上的燃油滤清器,更换新滤清器。
(11) 使用新的基座垫圈和新的O形密封圈,按与拆卸相反的顺序安装各个部件。
燃油滤清器的更换周期:轿车1~2年更换一次。

相关拓展

一、燃油滤清器的类型

按安装位置可分为内置式燃油滤清器和外置式燃油滤清器。内置式燃油滤清器安装在油箱内部，不易受外界环境污染，寿命较长，但更换操作复杂，成本高；外置式燃油滤清器安装在车辆底盘外部或发动机舱内，易受灰尘、水分的影响，寿命较短，但更换方便。

按结构形式有可拆式燃油滤清器与不可拆式燃油滤清器。可拆式燃油滤清器能更换滤芯，外壳可重复使用，维护成本低，但密封性欠佳；不可拆式燃油滤清器需整体更换，密封性好，过滤效果稳定，但需整体报废，使用成本较高。

二、不同车型燃油滤清器的更换特点

小型车：多采用外置式燃油滤清器，位置在底盘或发动机舱内，便于操作，结构简单，更换难度低。

中大型车：部分高端中大型车采用内置式燃油滤清器，与燃油泵集成在一起，更换时需拆卸油箱或油泵总成，操作复杂，需由专业技术人员使用专业工具来更换。

越野车：由于越野车常行驶于恶劣路况，因此它对燃油滤清器的过滤性能和耐久性要求较高，部分车型的燃油滤清器要求有更好的密封性和防护性，更换时要注意做好清洁并安装牢固。

三、燃油滤清器的故障判断与预防

故障判断：当发动机出现动力下降、加速不畅、启动困难、油耗增加、尾气排放超标等问题，则可能是燃油滤清器堵塞引起的。

预防措施：对车辆进行定期检查，按车辆使用手册规定的里程或时间间隔检查燃油滤清器；注意燃油质量，加高质量燃油，减少进入燃油滤清器的杂质；关注车辆运行状况，发现异常及时排查。

复习延伸

(1) 燃油滤清器有什么作用？
(2) 更换燃油滤清器应注意哪些问题？

◀ 任务5　更换发动机火花塞 ▶

工作场景

车辆停放在检修场地,拉起驻车制动器,打开发动机舱盖,在发动机舱两侧及前进气格栅处铺上防护垫。准备好拆检工具及局部照明设备。

学习目标

通过此项任务的学习,学会检测火花塞并能正确更换火花塞。

基础知识

一、发动机点火系统

1. 发动机点火系统的作用

为了适应发动机的工作要求,要求点火系统能按照发动机的点火次序,在一定的时刻供给火花塞以足够能量的高压电,使其两极间产生电火花,点燃混合气。

2. 本田雅阁发动机点火系统的构成

广汽本田雅阁轿车的点火系统为电子控制式。电子控制点火系统主要由蓄电池、分电器、高压线、火花塞和发动机控制模块(ECM)/自动变速器控制模块(PCM)等组成。点火系统的点火线圈和点火控制模块(ICM)(内置防噪声电容器)均装在分电器内。另外,气缸位置传感器也安装在分电器内。点火系统的组成电路如图 2-16 所示,各部分的功能如下:

蓄电池:给点火系统提供低压电能。

点火开关:用来控制点火系统初级电路,控制仪表电路,启动继电器电路等。

点火线圈:将 12 V 的低压电变成 15～20 kV 的高压电。

分电器:将点火线圈产生的高压电,按照发动机的工作顺序送至各缸火花塞。

火花塞:将高压电引入气缸燃烧室产生火花,进而点燃混合气。

分缸高压线:用来传递高压电至火花塞。

ECM/PCM:发动机控制模块或自动变速器控制模块均用于接收传感器信号,通过复杂的计算来控制燃油的供应量、空气的配给(电子节气门)、喷油及点火的时机,还负责调整进气压力,并根据温度、负荷、爆震、燃烧状况等来决定发动机的补偿控制系数。

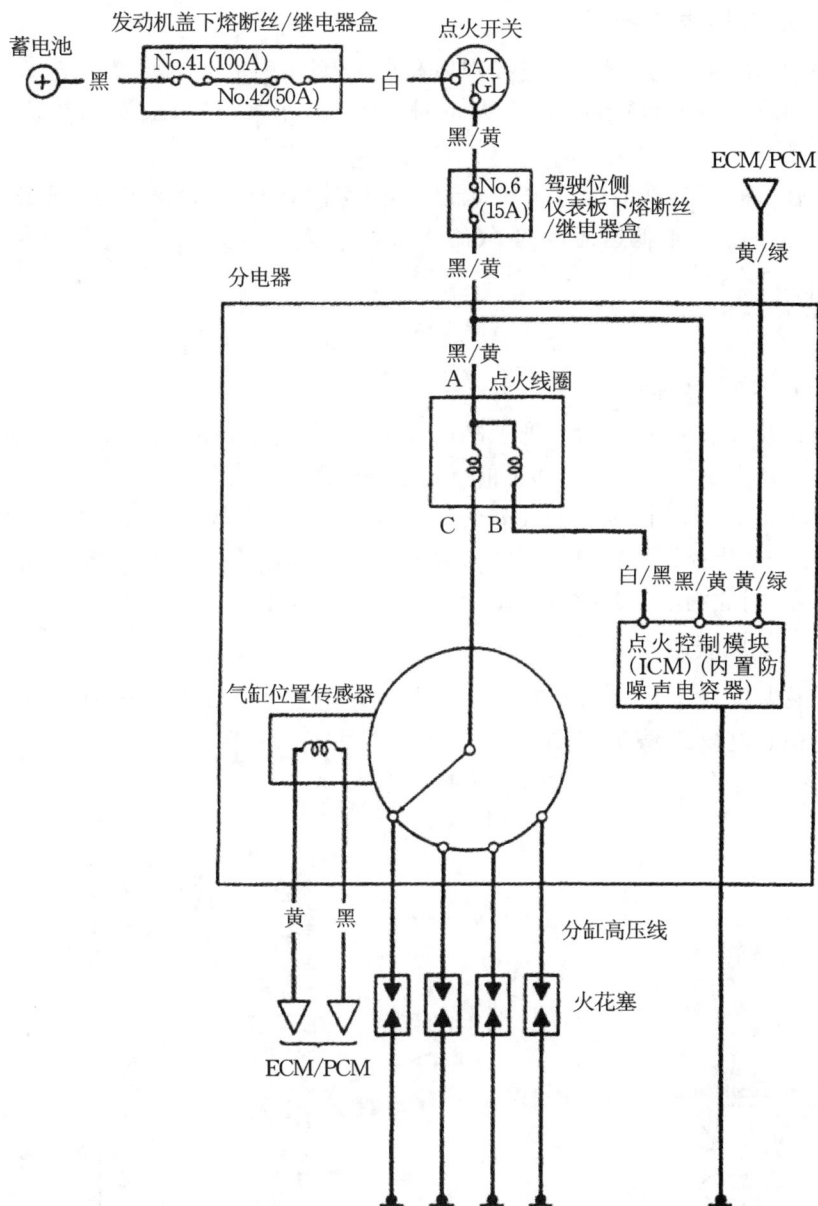

图 2-16　广汽本田雅阁轿车点火系统的组成电路

二、火花塞

1. 火花塞的功用和组成

火花塞的功用是提供必要的气隙,使点火线圈产生的高压电流以电弧形式击穿,并产生点燃可燃混合气的电火花。

火花塞一般由中心电极、侧电极、接线柱、绝缘体、金属外壳及安装螺纹等组成(见图 2-17)。

2. 火花塞常见故障分析

火花塞常见故障有电极烧蚀、电极损坏和火花塞脏污。

电极烧蚀或损坏的可能原因:点火正时提前;火花塞松动;火花塞热值过高;冷却不足。

火花塞脏污的可能原因:点火正时延迟;燃烧室内有油污;火花塞间隙不正确;火花塞热值过低;过高的怠速或低速运转;空气滤清器滤芯堵塞;点火线圈或导线老化。

技能训练

1. 拆卸火花塞

关闭点火开关,依次拆下火花塞上的高压分线,并做好各缸的记号,以免弄乱。用火花塞套筒逐一卸下各缸火花塞。卸下的火花塞应按顺序排好。

拆卸火花塞前,要清除火花塞孔处的杂物和灰尘。用布块堵住火花塞孔,确保火花塞拆卸后,不会有杂物掉进气缸里。拆卸时要确认火花塞套筒套牢火花塞,否则,会损坏火花塞的绝缘体,引起漏电。此时火花塞会有较高温度,要防止烫伤的发生。

2. 检查火花塞状态

检查火花塞电极脏污、磨损与烧蚀情况以及陶瓷绝缘柱上是否有裂纹[见图 2-18(a)]。如其中心电极已磨圆[见图 2-18(b)],则应更换火花塞。

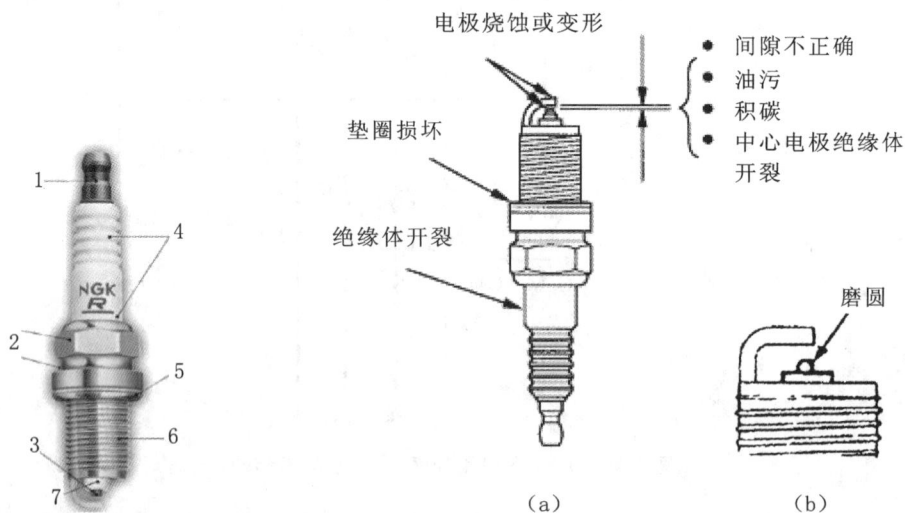

图 2-17 火花塞
1—接线柱;2—安装螺栓;3—中心电极;4—绝缘体;
5—密封垫圈;6—安装螺纹;7—侧电极

图 2-18 检查火花塞状态

对燃烧状态不好的火花塞,应先进行清洁,去除火花塞磁体上的积碳和污迹,然后检查火花塞的绝缘体,如有油污和积碳应清洗干净,磁芯如有损坏、破裂,应予更换。清除积碳时,最好使用火花塞清洁器(见图 2-19)进行清洁,不要用火焰烧烤。

3. 检查、调整火花塞电极间隙

用塞尺检查火花塞电极间隙(如图 2-20 所示),标准值为 1.0～1.1 mm。如果间隙超过标准,使用合适的间隙调节工具调节其间隙(如图 2-21 所示)。

调整间隙时,只能弯动侧电极,不能弯动中心电极,以免损坏绝缘体。

图 2-19 火花塞清洁器

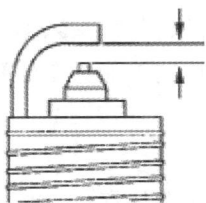

图 2-20 火花塞电极间隙

图 2-21 调节火花塞电极间隙

火花塞电极间隙调整好之后,外电极与中央电极应略呈直角,若过度偏曲或电极烧蚀成圆形,则该火花塞不能再使用,应更换新品。

4. 安装火花塞

将少量密封胶涂抹在火花塞的螺纹部分,并用手将其拧入火花塞孔,然后将其以 18 N·m 的拧紧力矩拧紧。

连接高压线时,要注意各缸线的顺序,不要插错。启动发动机,查看有没有严重的抖动或放炮声。如果有抖动或放炮声,说明各缸高压线插错了,应重新安插高压线。

相关拓展

一、火花塞的常见故障现象

1. 火花塞烧蚀

若发现火花塞顶端有疤痕或出现破坏,电极出现熔化、烧蚀现象时,都表明火花塞已经毁坏,此时就应该更换火花塞。在更换过程中,应检查火花塞烧蚀的迹象以及颜色变化情况。

症状 1:电极熔化且绝缘体呈白色。

诊断:这种现象表明燃烧室内温度过高。原因可能是燃烧室内积碳过多,从而造成气门间隙过小,进一步引发排气门过热或冷却装置工作不良。当火花塞未按规定力矩拧紧时也会出现电极熔化、绝缘体呈白色的现象。

症状 2：电极变圆且绝缘体有疤痕。

诊断：这就表明发动机早燃。原因可能是点火时间过早,汽油辛烷值过低,火花塞热值过高等。

症状 3：绝缘体顶端破裂。

诊断：一般来说,爆震燃烧是绝缘体破裂的主要原因。而点火时间过早、汽油辛烷值低、燃烧室内温度过高,都可能导致发动机爆震燃烧。

症状 4：绝缘体顶端有灰黑色条纹。

诊断：这种条纹的出现表明火花塞已经漏气,需要更换新件。

2. 火花塞上有沉积物

火花塞绝缘体的顶端和电极间有时会粘上沉积物。不要小看这种沉积物,严重时可能造成发动机不能正常工作。在清洁火花塞后,车辆暂时可以正常运转,但不久后又会出现类似情况。事实上,火花塞出现沉积物只是一个表面现象,这可能是车辆别的机械部件出现问题的信号。

症状 1：火花塞上有油性沉积物。

诊断：当火花塞上出现油性沉积物时,表明润滑油已进入燃烧室内。如果只是个别火花塞上有油性沉积物,则可能是气门杆油封损坏造成的。如果各个缸体的火花塞都粘有这种沉积物,则表明气缸出现蹿油。一般来说,在空气滤清器和通风装置堵塞的情况下,气缸极易出现蹿油的现象。

症状 2：火花塞上有黑色沉积物。

诊断：火花塞电极和内部有黑色沉积物,通常表明气缸内混合气体过浓。可以提高发动机运转速度,并持续运转几分钟,借以烧掉留在电极上面的黑色煤烟层。

二、诊断火花塞故障的方法

1. 仪器检查

针对磁体裂缝轻微,仅在重负荷时才有断火现象的火花塞,将其装在火花塞检查器上,向检查器内充入 748 kPa 的压缩空气,模拟燃烧室在压缩行程的工况,向火花塞通高压电,使其电极间形成火花(可由玻璃窗口观察)。火花连续而明亮,说明火花塞良好,否则有故障。

2. 触摸法

发动机刚启动不久,可直接用手触摸火花塞壳体,通过比较其温度来诊断火花塞故障,温度较高的火花塞工作正常,反之有故障。走热了的发动机瓷体表面温度很高,不要用手触摸,这时可使发动机保持怠速运转,用拇指和食指依次触摸各缸高压分线数秒钟,根据手感判断哪个缸的火花塞有故障。正常工作的高压分线,用手触摸能感到有明显脉动,有故障的高压分线则脉动不明显、无脉动或脉动时断时续。确定某缸工作不良后,应进一步检查,若无其他原因,则为火花塞有故障。

3. 断火试验法

使发动机怠速运转,用螺钉旋具使火花塞断火(搭铁),若被断火的火花塞有故障,则发动机运转情况不变(需排除发动机本身故障)。若断火后,发动机立即抖动,则表明该缸工作正常。

4. 对比试验

用断火试验工作良好缸的火花塞,与试验中工作不好缸的火花塞互相调换做对比试验。进一步判断火花塞的好坏。

5. 跳火试验

卸下疑似有故障的火花塞,将其平置于发动机缸体上。拔下高压总线分电器一端,使其与火花塞接线头接触。打开点火开关,拨动分电器的白金触点,使高压电在火花塞电极间产生跳火。若火花连续且明亮,则表明火花塞工作良好;否则,火花塞应予以更换。

6. 观察鉴别

卸下火花塞,观察其电极颜色。电极为白色或铁锈色的火花塞,工作正常;表面有黑烟(混合气过浓因素除外)的火花塞,工作质量较次;有严重积碳或油污的火花塞,工作质量最差或根本不能工作。

复习延伸

(1)发动机的不正常工作会导致火花塞出现哪些故障?

(2)发动机故障在火花塞上的反映有哪些?

项目 3 底盘系统保养与维护

◀ 任务 1 制动系统的检查及保养 ▶

工作场景

车辆进入举升机后,按要求将车举起至比操作人员高 10 cm 左右锁住(举升机自锁),然后把两个安全支架分别推至车辆的前后轴下以确保安全。

学习目标

通过此项任务的学习,学会检查车辆的制动系统并对其进行必要的检查、保养操作。

基础知识

一、制动系统概述

车辆上用以使外界(主要是路面)在车辆某些部分(主要是车轮)施加一定的力,从而对其进行一定程度的强制制动的一系列专门装置统称为制动系统。其作用是使行驶中的车辆按照驾驶员的要求进行强制减速甚至停车;使已停驶的车辆在各种道路条件下(包括在坡道上)稳定驻车;使下坡行驶的车辆保持稳定速度。

对车辆起制动作用的只能是作用在车辆上且方向与车辆行驶方向相反的外力,而这些外力的大小都是随机的、不可控制的,因此车辆上必须装设一系列专门装置以实现上述功能。

1. 制动系统分类

1）按制动系统的作用不同

制动系统可分为行车制动系统、驻车制动系统、应急制动系统及辅助制动系统等。用以使行驶中的车辆降低速度甚至停车的制动系统称为行车制动系统；用以使已停驶的车辆驻留原地不动的制动系统则称为驻车制动系统；在行车制动系统失效的情况下，保证车辆仍能实现减速或停车的制动系统称为应急制动系统；在行车过程中，辅助行车制动系统降低车速或保持车速稳定，但不能将车辆紧急制停的制动系统称为辅助制动系统。上述各制动系统中，行车制动系统和驻车制动系统是每个车辆都必须具备的。

2）按制动操纵能源不同

制动系统可分为人力制动系统、动力制动系统和伺服制动系统等。以驾驶员的肌体作为唯一制动能源的制动系统称为人力制动系统；完全靠由发动机的动力转化而成的气压或液压形式的势能进行制动的系统称为动力制动系统；兼用人力和发动机动力进行制动的制动系统称为伺服制动系统或助力制动系统。

3）按制动能量的传输方式不同

制动系统可分为机械式、液压式、气压式、电磁式等。同时采用两种以上传输方式的制动系统称为组合式制动系统。

2. 制动系统的一般工作原理

制动系统的一般工作原理是，利用与车身（或车架）相连的非旋转元件和与车轮（或传动轴）相连的旋转元件之间的相互摩擦来阻止车轮的转动或转动的趋势。

图 3-1 所示的是一种简单的液压制动系统工作原理示意图。

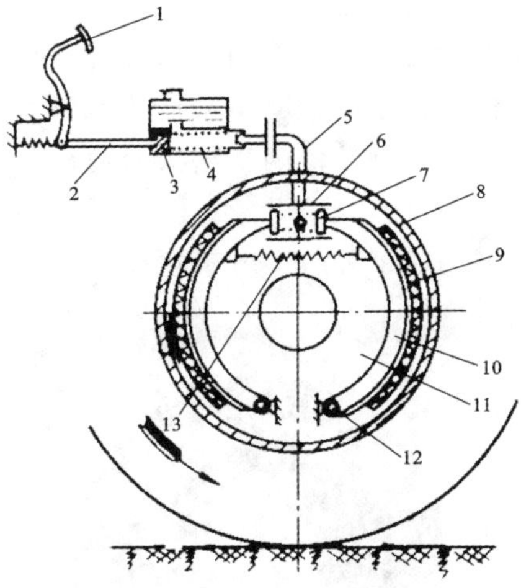

图 3-1 制动系统工作原理示意图

1—制动踏板；2—主缸推杆；3—主缸活塞；4—制动主缸；5—油管；6—制动轮缸；7—轮缸活塞；
8—制动鼓；9—摩擦片；10—制动蹄；11—制动底板；12—支承销；13—制动蹄复位弹簧

一个以内圆面为工作表面的金属制动鼓固定在车轮轮毂上，随车轮一起旋转。在固定不动的制动底板上，有两个支撑销，支撑着两个弧形制动蹄的下端。制动蹄的外圆面上装有摩擦片。制动底板上还装有液压制动轮缸,用油管 5 与装在车架上的液压制动主缸相连通。主缸中的活塞 3 可由驾驶员通过制动踏板机构来操纵。

当驾驶员踏下制动踏板,使活塞压缩制动液时,轮缸活塞在液压的作用下将制动蹄片压向制动鼓,使制动鼓减小转动速度或保持不动。

二、轿车典型制动系统的组成

图 3-2 所示是一种轿车典型制动系统的组成示意图(前盘后鼓),可以看出,制动系统一般由制动操纵机构和制动器两大主要部分组成。

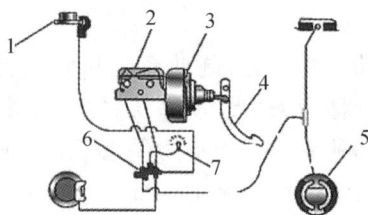

图 3-2　轿车典型制动系统的组成示意图
1—前轮盘式制动器;2—制动总泵;3—真空助力器;4—制动踏板机构;
5—后轮鼓式制动器;6—制动组合阀;7—制动警示灯

1.制动操纵机构

制动操纵机构的作用是产生制动动作、控制制动效果并将制动能量传输到制动器的各个部件,如图 3-2 中的 2、3、4、6,以及制动轮缸和制动管路。

2.制动器

制动器是产生阻碍车辆运动或运动趋势的力(制动力)的部件。车辆上常用的制动器都是利用固定元件与旋转元件工作表面的摩擦来产生制动力矩的,这些制动器常称为摩擦制动器。它有鼓式制动器和盘式制动器两种结构形式。

1)鼓式制动器

鼓式制动器的结构总成如图 3-3 所示。由于在现代轿车上的应用逐渐减少,故此处不再详细介绍。

图 3-3　鼓式制动器结构总成

2）盘式制动器

盘式制动器中的旋转元件是以端面工作的金属圆盘，称为制动盘。其固定元件有多种结构形式，大体上可分为两类。一类是工作面积不大的摩擦块与其金属背板组成的制动块，每个制动器中有 2～4 个。这些制动块及其促动装置都装在横跨制动盘两侧的夹钳形支架中，总称为制动钳。这种由制动盘和制动钳组成的制动器称为钳盘式制动器。

钳盘式制动器过去只用作中央制动器，但目前则越来越多地被各级轿车和货车用作车轮制动器。钳盘式制动器目前也是轿车制动器的发展趋势。钳盘式制动器又可分为定钳盘式和浮钳盘式两类。

盘式制动器结构如图 3-4、图 3-5 所示。

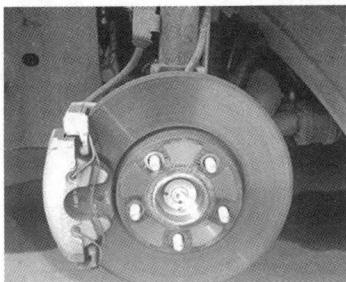

图 3-4　盘式制动器结构图（在车上）　　图 3-5　盘式制动器结构图（拆下总成）

（1）定钳盘式制动器。

定钳盘式制动器示意图如图 3-6 所示。

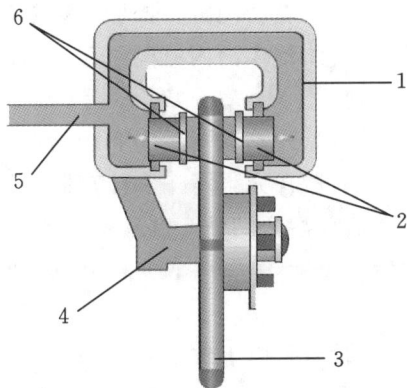

图 3-6　定钳盘式制动器示意图

1—制动钳体；2—活塞；3—制动盘；4—车桥；5—进油口；6—摩擦块

制动盘上的制动钳体固定安装在车桥上，它不能旋转也不能沿制动盘轴线方向移动，其内的两个活塞分别位于制动盘的两侧。

制动时，制动油液由制动总泵（制动主缸）经进油口进入钳体中两个相通的液压腔中，将两侧的制动块压向与车轮固定连接的制动盘，从而产生制动力。

这种制动器存在以下缺点:油缸较多,因此制动钳结构复杂;油缸分置于制动盘两侧,必须用跨越制动盘的钳内油道或外部油管来连通,这使得制动钳的尺寸过大,难以安装在现代化轿车的轮辋内;热负荷大时,油缸和跨越制动盘的油管或油道中的制动液容易受热汽化;若要兼用于驻车制动,则必须加装一个机械制动的驻车制动钳。

(2)浮钳盘式制动器。

浮钳盘式制动器示意图如图 3-7 所示。

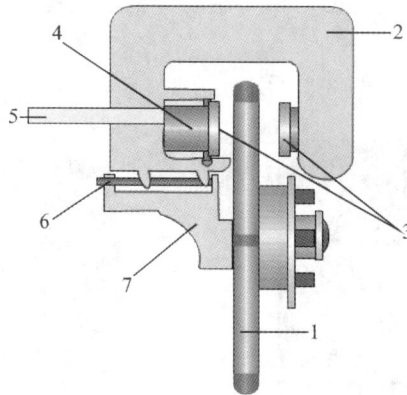

图 3-7　浮钳盘式制动器示意图
1—制动盘;2—制动钳体;3—摩擦块;4—活塞;5—进油口;6—导向销;7—车桥

钳体通过导向销与车桥相连,可以相对于制动盘轴向移动。制动钳体只在制动盘的内侧设置油缸,而外侧的制动块则附装在钳体上。

制动时,液压油通过进油口进入制动油缸,推动活塞及其上的摩擦块向右移动,并压到制动盘上,使得油缸连同制动钳体整体沿销钉向左移动,直到制动盘右侧的摩擦块也压到制动盘上夹住制动盘并使其制动。

与定钳盘式制动器相反,浮钳盘式制动器轴向和径向尺寸较小,而且制动液受热汽化的机会较少。此外,浮钳盘式制动器在充当行车和驻车制动器的情况下,只需在行车制动钳油缸附近加装一些用以推动油缸活塞的驻车制动机械传动零件即可。故浮钳盘式制动器逐渐取代了定钳盘式制动器。

3)盘式制动器的特点

盘式制动器与鼓式制动器相比,有以下优点:

(1)一般无摩擦助势作用,因而制动器效能受摩擦系数的影响较小,即效能较稳定;

(2)浸水后效能降低较少,而且只需经一两次制动即可恢复正常;

(3)在输出制动力矩相同的情况下,尺寸和质量一般较小;

(4)制动盘沿厚度方向的热膨胀量极小,不会像制动鼓的热膨胀那样使制动器间隙明显增加而导致制动踏板行程过大;

(5)较容易实现间隙自动调整,其他保养修理作业也较简便;

(6)因为制动盘外露,还有散热良好的优点。

盘式制动器不足之处是效能较低,故用于液压制动系统时所需制动管路压力较高,一般要用伺服装置。

目前,盘式制动器已广泛应用于轿车,在一些中高性能轿车上用于全部车轮,在中低档轿车上只用于前轮,而与后轮的鼓式制动器配合,以期车辆有较高的制动方向稳定性。

技能训练

一、制动踏板检查

在任何车辆上,制动系统的正常操作对安全而言都是十分重要的。因为踏板直接受到驾驶员脚步的压力,所以很容易偏离技术规范范围。

制动踏板调整可以确定制动器的开始操作点以及制动灯的照亮点。其内容包括踏板的高度调整和制动开关的位置调整。制动踏板自由行程的范围不可以调整(针对广汽本田轿车)。踏板高度不足是非常危险的,因为这可能导致操作踏板时制动器的启动延迟,并且可能阻碍制动器的充分应用,行程不足还可能导致制动器卡滞。

1. 制动踏板高度的检查与调整

拧下制动开关使之不再与制动踏板接触;掀起地垫,测量由驾驶室底板至踏板中点的踏板高度。雅阁轿车制动踏板高度应为 148 mm。调整踏板高度时,拧松推杆的锁紧螺母,用钳子拧进或拧出推杆进行调整,使踏板高度达到标准值,如图 3-8 所示。调整完毕应将锁紧螺母以 15 N·m 的力矩牢固拧紧。注意推杆踩下时不要调节踏板高度。装上制动开关,直到柱塞被完全压住(断开制动开关插头,松开制动开关锁紧螺纹端,使其与踏板上的衬垫相接触),然后将开关往回拧 3/4 圈,使得螺纹端与衬垫之间产生 0.9 mm 的间隙,再拧紧锁紧螺母,接上制动开关插头,并松开制动踏板后确认制动灯熄灭。调整踏板高度时,注意推杆踩下时不要调节踏板高度。

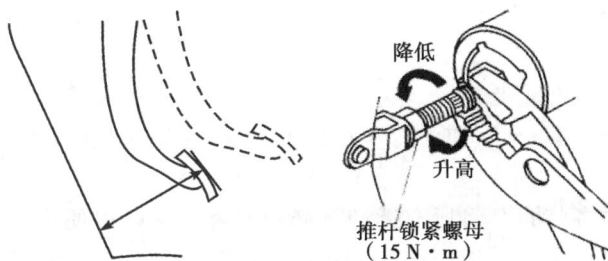

图 3-8　制动踏板高度的检查与调整

2. 制动踏板自由行程的检查与调整

将发动机熄火,踩制动踏板数次,直到真空助力器不存在真空为止。踩下制动踏板,直到感到有点阻力为止,测量踏板自由行程。雅阁轿车踏板自由行程的标准值为 1~5 mm。调整踏板自由行程时,如果自由行程不符合标准值,可通过调节制动开关来改变其自由行程,如图 3-9、图 3-10 所示,使其符合规定值。

若踏板自由行程过小,则易引起制动阻滞;若踏板自由行程过大,则制动作用时间延长,制动距离增加,制动性能变差。因此,自由行程调整后,应启动发动机,踩制动踏板,确保自由行程达到标准值。

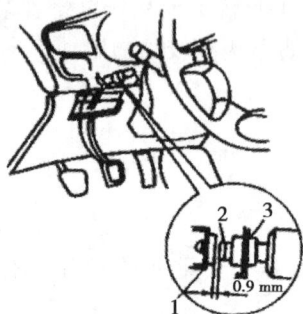

图 3-9　调节制动开关
1—制动踏板拉杆；2—连接销；3—制动阀

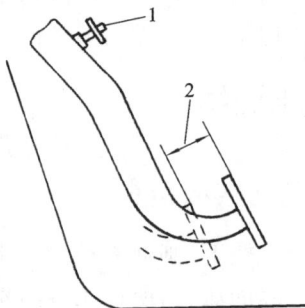

图 3-10　自由行程的检查与调整
1—限位螺钉；2—自由行程

3. 注意事项

由于底板与踏板的上表面之间有一定的距离，因此测量踏板的高度之前，一定要卷起车底板垫。制动踏板后面的底板上备有切口，以便测量；测量时要保证测量方向与制动踏板软垫呈 90°，以保证测量准确；调整之后，拧紧锁紧螺母时，将推杆固定在合适的位置，避免不正确的调整，同时慢慢地转动锁紧螺母。如果自由行程的范围不符合规格，请检查是否由于以下原因引起：制动开关安装位置不正确，锁紧螺母松开，制动调节器安装位置不正确，制动踏板连接处松动等。

二、制动片、制动盘的检查

各种盘式制动器的检查、拆装步骤等基本相同，但是由于类型不同，某些细节也存在差异（如润滑脂的使用位置）。

1. 拆卸

（1）用扭矩扳手松开轮胎螺母，举升车辆到一定高度，拆卸轮胎。

（2）松开卡钳固定螺栓后，使卡钳在枢轴上转动，并用一根钢丝或类似的东西将卡钳固定在旁边。

（3）拆下制动钳、制动片，将所有拆卸下来的零件保存好以便重新安装。

（4）用真空吸尘器或制动清理剂（去油剂）彻底清理制动钳、制动盘以及周围的零件。

2. 检查

（1）使用游标卡尺在制动片的外边缘测量每个制动片的厚度，如图 3-11 所示，该值应该不小于 1.6 mm（桑塔纳为 2.5 mm）。制动片可能磨损不均匀，要多测几处。

（2）检查制动片是否有磨损不均匀以及是否有凹槽等缺陷。

（3）用磁力表座和百分表配合测量制动盘端面圆跳动，如图 3-12 所示（桑塔纳的外缘最大处圆跳动＜0.05 mm）。

（4）用游标卡尺测量制动盘厚度（桑塔纳 LX 系列为 10 mm，桑塔纳 2000 系列为 17.8 mm）。

（5）检查制动油缸是否漏油，是否回位自如。

图 3-11　测量制动片的厚度

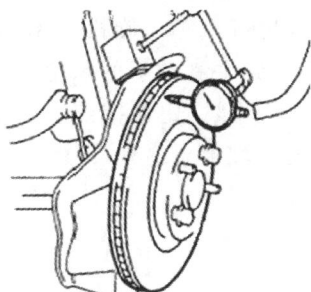

图 3-12　测量制动盘端面圆跳动

3. 安装

按照拆卸的相反顺序装回制动片、制动钳等。然后放下车辆,按规定扭矩装回轮胎螺栓,有轮毂盖的装好轮毂盖。

4. 注意事项

(1)拆卸完制动片,清洁时不要用刷子或压缩空气,那样会造成灰尘扩散,从而危害人身健康。

(2)测量制动片厚度时不要连同底板一起测量。

(3)每个制动片都要测量到。

(4)测量制动盘端面圆跳动时要测量其外边缘,同时要两面都测到。

(5)任何一个制动片超过维修极限,都要同时更换其他所有的制动片。

(6)如果安装了外制动片垫片,更换制动片时,也要更换外制动片垫片。

(7)安装前,在下列部位涂上薄薄的一层润滑脂:活塞与内制动片接触面的终点、制动片与卡钳托架之间的接触面、外制动片与卡钳钳身之间的接触面、外制动片垫片与外制动片之间的接触面、外制动片垫片与卡钳钳身之间的接触面。制动器的类型不同,润滑脂的使用部位也不尽相同。

三、驻车制动器检查

驻车制动器也称手制动,俗称"手刹",其主要的功用是保证汽车稳定停车,防止溜车;在紧急情况下,也可临时替代行车制动器来完成紧急制动。

当在较小的坡道上拉紧手制动时,汽车仍后溜;或汽车在拉紧手制动的情况下,以二挡可以起步时,应检查、调整手制动装置。

小型车辆普遍采用手制动杆和钢索对后轮进行制动,即手制动与行车制动采用同一套制动器。随着汽车的使用,钢索会产生一定量的塑性变形,造成手制动行程过大,因此,当车轮制动器间隙调整好后,还应检查调整手制动钢索长度。安装后鼓式制动器的车辆和安装后盘式制动器的车辆,其检查与调整步骤几乎相同。

1. 手制动行程的调整

由于后轮制动器间隙一般为自动调整式,因此,只有在更换手制动钢索、制动底板或制动摩擦片后,才需要检查、调整手制动装置。

调整时,在车轮下用三角木固定好汽车。旋松手制动钢索端部调整螺栓上的两个紧固螺母,使调整螺栓的长度减小,直到手制动手柄棘轮行程量在4~7个齿的范围内为止。调整好的手制动应处在拉杆行程的60%(比如拉到底9个响,就只拉5个响)的位置,如图3-13所示。制动应能在20%的纵坡上可靠地停住(车头朝上和朝下两个方向都应能停住),如图3-14所示。

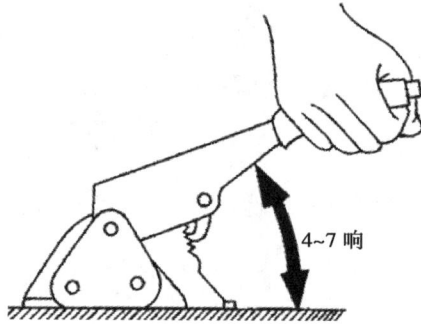

图3-13　拉起手制动

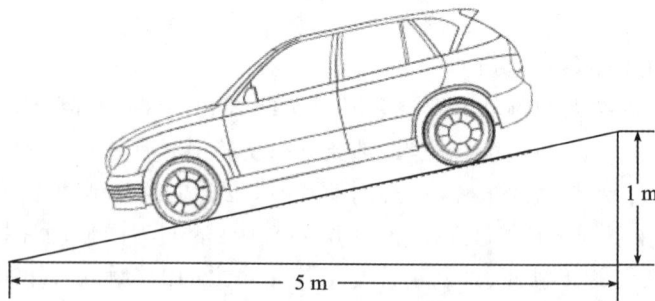

图3-14　手制动检查

2. 捷达轿车手制动的调整

捷达轿车的后制动器是自动调整式,调整顺序如下:

(1) 松开手制动杆;

(2) 用力踩下制动踏板,以便让制动摩擦片紧贴在制动鼓上;

(3) 将手制动拉杆拉过4个棘轮齿,抬起制动踏板;

86

（4）扭紧调整螺栓（如图 3-15 所示），直到两个车轮用手转不动为止；

（5）松开手制动，检查两车轮是否转动自如。

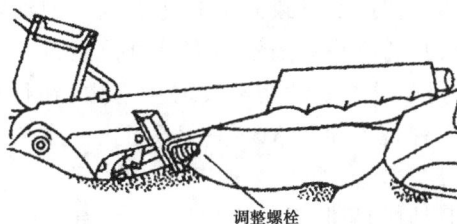

调整螺栓

图 3-15　捷达轿车手制动的调整位置

相关拓展

ABS 简介

ABS（anti-lock braking system，防抱死制动系统）是一种能防止车轮被抱死的安全装置。ABS 的工作原理是利用装在车辆刹车系统上的车轮转速传感器来感知刹车时车轮的运动状态。当车辆紧急制动时，车轮的转速在制动系统的作用下迅速降低，当传感器感知到车轮即将停止转动时，会发出一个指令给刹车系统，使其减小制动力，当车轮恢复转动后制动力又会加大，到车轮又要停转时制动力再减小，如此反复，确保车轮不被抱死，如图 3-16 所示。这种动作是十分迅速的，每秒钟大约发生几十次。这样既能保持足够的制动力，又能防止车轮抱死后车辆失去控制。特别是在湿滑路面上，车轮抱死会发生侧滑、打转现象，十分危险，所以 ABS 为行车安全提供了很大帮助。但是如果使用不当，ABS 也不能保证刹车安全。

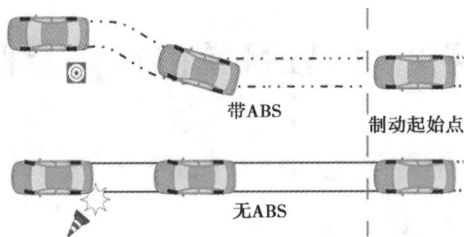

带ABS

制动起始点

无ABS

图 3-16　有、无 ABS 车辆的制动性能比较

（1）踩制动踏板时用力不可太轻。当我们用力踩下制动踏板时，装有 ABS 的制动系统会有阵阵抖动，有些人还以为出了问题，往往赶紧松力。其实，ABS 就像以前那种"人工点刹"，上述状况是 ABS 间歇收放制动压力的结果。在必须紧急制动的时候，应该狠踩制动踏板，而且要一次直接踩到底，不要放松。同时利用转向盘来控制车辆的方向——这正是 ABS 的优点，在刹车时还能够有良好的方向操控性。

（2）不要把 ABS 当作安全"保护神"。即使有 ABS 的汽车，在急转弯、快速变道以及其他急打转向盘的时候，也不能保证刹车的绝对安全。所以不要过于迷信 ABS 的作用，不要做一些"危险动作"。

（3）驾驶时不要反复踩制动踏板。当你在使用 ABS 时,也像"人工点刹"那样反复地踩制动踏板,将会使 ABS 时通时断,导致制动效能降低和制动距离增加。ABS 本身会以更高的速率自动增减制动力,并提供有效的转向盘可控能力。

（4）对自己的车子急刹车时的制动距离要心中有数,在行车时一定要与前车保持有效制动距离以上的距离,以保证安全。ABS 只是防止车轮抱死,而不会增大车辆制动力。如果是在潮湿路面上,由于 ABS 能防止车辆打滑,因此装有 ABS 的车辆会比未装 ABS 的车辆的制动距离略短,但是,如果是在干燥路面上,装有 ABS 的车辆的制动距离反而会更长。所以,假如认识不到这个问题,在行车中就会对安全距离产生误判,一旦发生紧急情况,由于安全距离不够,就容易造成事故。

（5）ABS 依靠精密的车轮转速传感器工作,这些部件不是安装在车厢里面,而是安装在四个车轮上。所以,平时要经常保持传感器探头及齿圈的清洁,防止有泥污、油污特别是磁铁性物质黏附在其表面,影响 ABS 系统的正常工作。

（6）在行车中应经常注意仪表板上的 ABS 指示灯的情况,如发现闪烁或长亮,说明 ABS 已脱离工作状态,此时制动系统只有常规制动功能,ABS 已不起作用,应尽快到维修厂排除故障。

复习延伸

（1）查阅相关资料,比较卡车、轿车、摩托车、电动自行车等的制动系统有何相同和不同之处？同是盘式刹车,前轮和后轮有何不同？

（2）带有 ABS 的刹车系统与不带 ABS 的刹车系统有哪些主要区别？比较其在各种工况下的制动效果。

◀ 任务 2　行驶系统的检查及保养 ▶

工作场景

车辆进入举升机后,按要求将车举起至比操作人员高 10 cm 左右的位置锁住(举升机自锁),然后把两个安全支架分别推至车辆的前后轴下以确保安全。

学习目标

通过本任务的学习,学会检查车辆的行驶系统并对其进行必要的检查、保养操作。

基础知识

一、汽车行驶系统的功用

（1）将汽车构成一个整体，支承汽车全部质量；

（2）将传动系统传来的转矩转化为汽车行驶的驱动力；

（3）承受并传递路面作用于车轮上的各种反力和力矩；

（4）减少振动，缓和冲击，保证汽车平顺行驶。

二、汽车行驶系统的组成

汽车行驶系统一般由车架、车桥、车轮和悬架组成，如图 3-17 所示。

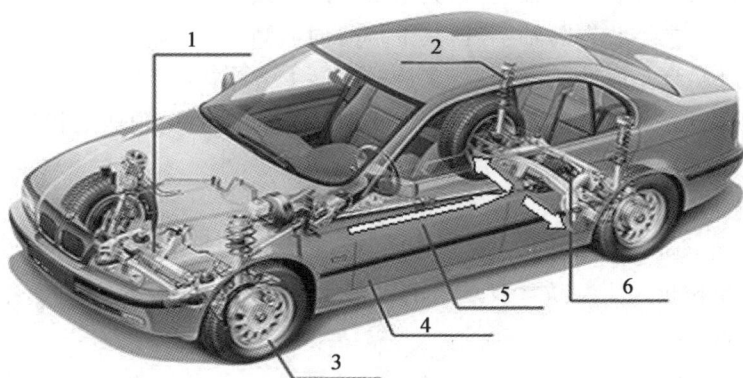

图 3-17 轿车行驶系统的基本组成（箭头为动力传递方向）
1—从动桥；2—悬架；3—车轮；4—车架；5—传动轴；6—驱动桥

1. 车架

车架是汽车的基体，如发动机、变速器、传动机构、操纵机构、车身等总成和部件都安装于车架上。按其结构形式不同可分为边梁式车架、中梁式车架、综合式车架和无梁式车架。边梁式车架由位于左右两侧的两根纵梁和若干横梁构成，横梁和纵梁一般由 16Mn（锰）合金钢板冲压而成，两者之间采用铆接或焊接连接。中梁式车架只有一根位于汽车中央的纵梁。纵梁断面为圆形或矩形，其上固定有横向的托架或连接梁，使车架成鱼骨形。

2. 车桥

车桥通过悬架与车架连接，支承着汽车大部分重量，并将车轮的牵引力或制动力，以及侧向力经悬架传给车架。车桥分为整体式和断开式两种。按使用功能划分，车桥又可分为转向桥、转向驱动桥、驱动桥和支承桥。

1）转向桥

安装转向轮的车桥叫转向桥。现代汽车一般都是前桥转向，也有少数是多桥转向的。

（1）与非独立悬架匹配的转向车桥。

这类转向桥结构大体相同，主要由前梁、转向节、主销和轮毂等部分组成。车桥两端与转向节铰接，前梁的中部为实心或空心梁。

（2）与独立悬架匹配的转向桥。

断开式转向桥的作用与非断开式转向桥一样，所不同的是断开式转向桥与独立悬架匹配，断开式车桥为活动关节式结构。

（3）转向车轮定位。

为了使汽车保持稳定的直线行驶，转向轻便，轮胎与转向机构的磨损尽可能减少，要求装配后的转向车轮、转向节和前轴与车架有准确的相对位置。前轮、前轴、转向节与车架的相对安装位置，称为转向车轮定位，也称前轮定位。前轮定位包括主销后倾、主销内倾、前轮外倾、前轮前束四个参数。

① 主销后倾：主销装在前轴上后，其上端略向后倾。

② 主销内倾：主销装在前轴上后，其上端略向内倾。

③ 前轮外倾：汽车的前轮安装后，其旋转平面上方略向外倾。

④ 前轮前束：汽车两个前轮的旋转平面不平行，前端略向内收。汽车的前束值一般小于 10 mm，通过改变横拉杆的长度可以调整前束的大小。

2）支承桥

转向桥和支承桥都属于从动桥。有些单桥驱动的三轴汽车，往往将后桥设计成支承桥。挂车上的车桥也是支承桥。发动机前置前驱动轿车的后桥也属于支承桥。

3. 车轮与轮胎

车轮用于支承汽车车体重量，缓和由于路面不平引起的冲击力，接受和传递制动力和驱动力。轮胎具有抵抗侧滑的能力和自动回下正的能力，使汽车正常转向，保持汽车直线行驶。

1）车轮

车轮的基本构造如图 3-18 所示。

轿车车轮辐板所采用的材料较薄，常冲压成各样起伏形状，以提高刚度。辐板上开有若干孔，用以减轻质量，同时有利于制动器散热，安装时可作把手。

货车后轴负荷大多比前轴大很多，为使后轮胎不致过载，后桥车轮一般安装双车轮，在同一轮毂上安装两副相同的辐板和轮辋。为方便互换，辐板的螺栓两端做成锥形，便于安装。

2）轮胎

轮胎作为汽车与道路之间力的支承和传递部分，它的性能对汽车行驶性能影响很大。轮胎的性能与其结构、材料、气压、花纹等因素有关。

轮胎总成是安装在轮辋上的，直接与路面接触。它的作用是承受汽车的重力；在汽车行驶中，与悬架一起缓冲路面不平引起的冲击和振动；保证车轮和路面接触具有良好的附着性，传递驱动力和制动力，保持汽车行驶稳定性。其结构如图 3-19 所示。

胎冠：轮胎两胎肩夹的中间部位，包括胎面、缓冲层（或带束层）和帘布层等。

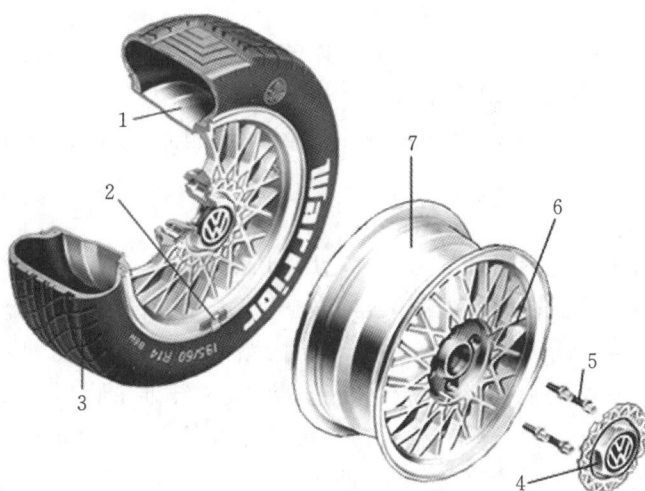

图 3-18　车轮的基本构造

1—车轮；2—平衡块；3—子午线轮胎；4—车轮饰板；5—车轮螺栓；
6—铝合金铸造辐条；7—铝合金轮辋

胎面：胎冠最外层与路面接触带有花纹的外胎胶层。其作用是保护胎体，防止早期磨损和损伤。

缓冲层：斜交轮胎胎面和胎体之间的胶布层。其作用是缓和并部分吸收路面对轮胎的冲击。

带束层：在子午线轮胎和带束斜交轮胎的胎面基部下，沿胎面中心线圆周方向箍紧胎体的材料层。其作用是增强轮胎的周向刚度和倾向刚度，并承受大部分胎面的应力。

帘布层：胎体中由覆胶平行帘线组成的布层，它是胎体的骨架，支撑外胎各部分。

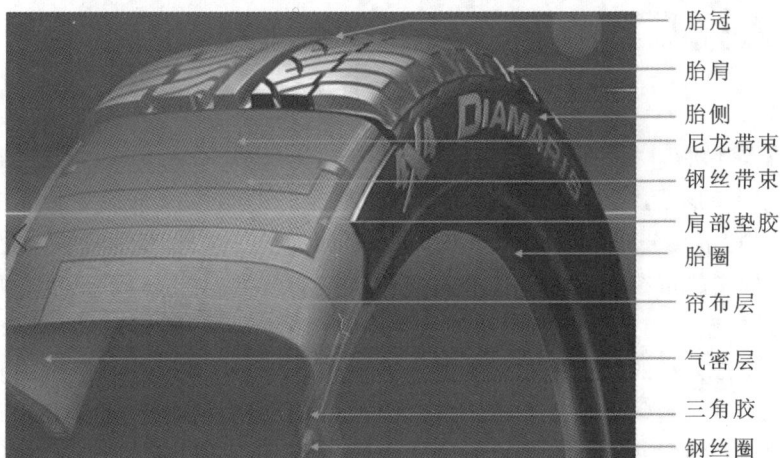

胎冠
胎肩
胎侧
尼龙带束
钢丝带束
肩部垫胶
胎圈
帘布层
气密层
三角胶
钢丝圈

图 3-19　轮胎结构（子午线轮胎）

胎侧：胎肩到胎圈之间的胎体侧壁部位上的橡胶层。其作用是保护胎体，承受侧向力。

胎体:由一层或数层帘布与胎圈组成整体的充气轮胎的受力结构。斜交轮胎的胎体帘布线彼此交叉排列,子午线的胎体帘线互相平行。

胎圈:轮胎安装在轮辋上的部分,由胎圈芯和胎圈包布等组成。其作用是防止轮胎脱离轮辋。

3)轮胎的种类

汽车轮胎按胎体结构不同可分为充气轮胎和实心轮胎。汽车上常用的轮胎是充气轮胎。实心轮胎目前仅用于在沥青混凝土路面的干线道路上行驶的低压汽车或重型挂车。

充气轮胎按结构不同可以分为有内胎和无内胎两种;按帘布材料不同可分为棉帘布轮胎、人造线轮胎、尼龙轮胎、钢丝轮胎、聚酯轮胎、玻璃纤维轮胎和无帘布轮胎;按胎面花纹不同可分为纵向花纹轮胎、横向花纹轮胎、块状花纹轮胎、雪地花纹轮胎和混合花纹轮胎等,见图 3-20;按气压可分为高压轮胎、低压轮胎、超低压轮胎;按帘布层结构可分为斜交轮胎、带束斜交轮胎和子午线轮胎。

纵向花纹
指沿圆周方向纵向连续的花纹,适合变速行驶,适合二级以上路面,具有滚动阻力小、噪声低、乘坐舒适感强的优点

块状花纹
指纵向花纹与横向花纹交织在一起的花纹,制动力及驱动力良好,适合恶劣路面

横向花纹
指横向连续的花纹,适合一般路面,制动力及驱动力良好

雪地花纹
在雪地、泥地等工况下具有很好的牵引力

混合花纹
集合各种花纹的优点

图 3-20 轮胎花纹及其特点

(1)子午线轮胎。

目前轿车上的轮胎大多为子午线轮胎。这种轮胎的胎体帘布层与胎面中心线呈 90°或接近 90°排列,帘线分布如地球的子午线,因而称为子午线轮胎。子午线轮胎帘线强度得到充分利用,它的帘布层数小于普通斜交轮胎帘布层数,使轮胎重量可以减轻,胎体较柔软。子午线轮胎采用了与胎面中心线夹角较小(10°~20°)的多层缓冲层,这些缓冲层用强力较高、伸张力小的结构帘布或钢丝帘布制造,可以承担行驶时产生的较大切向力。带束层像钢带一样,紧紧地箍在胎体上,极大地提高了胎面的刚性、驱动性以及耐磨性。

子午线轮胎的结构特殊,在高速旋转工况下,变形小,升温低,产生驻波的临界速度比斜交轮胎高,因而大大提高了车辆行驶的安全性。

(2)无内胎轮胎。

无内胎轮胎在外观上与普通轮胎相似。所不同的是,无内胎轮胎的外胎内壁上附加了一层厚约2~3 mm的专门用来封气的橡胶密封层,它是用硫化的方法黏附上去的。密封层正对着的胎面下面,贴着一层由未硫化橡胶的特殊混合物制成的自黏层。当轮胎穿孔时,自黏层能自行将刺穿的孔黏合,因此也称作有自黏层的无内胎轮胎。

无内胎轮胎在穿孔时,压力不会急剧下降,有利于安全行驶,无内胎轮胎不存在内外胎之间的磨损和卡滞,它的气密性好,可直接通过轮辋散热,温升低,使用寿命长,结构简单,重量轻。其缺点是途中坏了修理困难。

（3）充气轮胎。

充气轮胎按胎内空气压力大小可分为高压胎（气压为 0.49~0.69 MPa）、低压胎（气压为 0.147~0.49 MPa）、超低压胎（气压在 0.147 MPa 以下）三种。

目前,轿车、载重车大都采用低压胎,因为低压胎弹性好,断面宽,与路面接触面积大,胎壁薄,散热性好。这些性能使轮胎寿命得到延长。

4.悬架

1）作用

悬架的作用是把车架与车桥弹性连接起来,吸收或缓和车轮在不平路面上受到的冲击和振动,传递各种作用力和力矩。

2）组成

悬架一般由弹性元件、导向装置和减振器三部分组成。

3）类型

悬架可分为独立悬架和非独立悬架两类,见图 3-21。

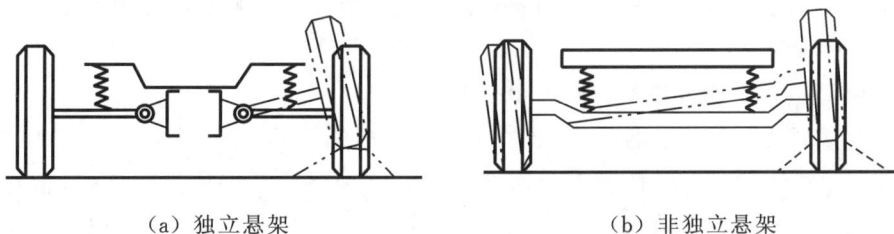

（a）独立悬架　　　　　　　　　（b）非独立悬架

图 3-21　独立悬架和非独立悬架

（1）独立悬架。

独立悬架的特点是每一侧车轮单独通过弹簧悬挂在车架下面,在汽车行驶中,当一侧车轮跳动时,不会影响另一侧车轮的工作。独立悬架中多采用螺旋弹簧和扭杆弹簧作为弹性元件,并配用导向装置和减振器。独立悬架在轿车上得到广泛应用。

（2）非独立悬架。

非独立悬架的特点是两侧的车轮安装在同一整体式车轿上,车轿通过弹性元件与车架相连。这种悬架在汽车行驶中,当一侧车轮跳动时,另一侧车轮也将随之跳动。非独立悬架广泛采用钢板弹簧作为弹性元件,这种悬架在中、重型汽车上普遍采用。

4）弹性元件

悬架采用的弹性元件有钢板弹簧、螺旋弹簧、扭杆弹簧、空气弹簧、油气弹簧、橡胶弹簧等。

(1)钢板弹簧。

钢板弹簧又称为叶片弹簧,它是由若干不等长的合金弹簧片叠加在一起组合成一根近似等强度的梁。钢板弹簧的第一片(最长的一片)称为主片,其两端弯成卷耳,内装青铜或塑料或橡胶衬套,用弹簧销与固定在车架上的支架或吊耳作铰链连接。钢板弹簧的中间用 U 形螺栓与车桥固定。

钢板弹簧在载荷作用下变形,各片之间因相对滑动而产生摩擦,可促使车架的振动衰减。车轮将所受冲击力传递给车架,增大了各片的磨损。所以在装合时,各片间应涂上较稠的润滑剂(石墨润滑脂),并应定期保养。

(2)螺旋弹簧。

螺旋弹簧是用弹簧钢棒卷制而成,包含刚度不变的圆柱形螺旋弹簧和刚度可变的圆锥形螺旋弹簧。

螺旋弹簧大多应用在独立悬架上,尤以前轮独立悬架应用广泛。有些轿车后轮非独立悬架也采用螺旋弹簧作弹性元件。由于螺旋弹簧只承受垂直载荷,它用作弹性元件的悬架时要加设导向机构和减振器。它与钢板弹簧相比具有不需润滑、防污性强、占用纵向空间小、弹簧本身质量小的特点,因而在现代轿车上广泛采用。

(3)扭杆弹簧。

扭杆弹簧总成用铬钒合金弹簧钢制成,它的表面经过加工很光滑。为保护扭杆表面,生产时通常在扭杆弹簧上先涂一层环氧树脂,并包一层玻璃纤维,再涂一层环氧树脂,最后涂上沥青和防锈油漆,以防磨蚀和损坏表面,从而提高扭杆弹簧的使用寿命。

(4)气体弹簧。

气体弹簧主要有空气弹簧和油气弹簧两种。

气体弹簧是以空气做弹性介质,即在一个密闭的容器内装入压缩空气(气压为 0.5~1 MPa),利用气体的可压缩性实现弹簧的作用。这种弹性元件称为空气弹簧,它分为囊式和膜式两种。空气弹簧在轿车上有采用,尤其在主动悬架中被采用。这种弹簧随着载荷的增加,容器内压缩空气压力升高,使其弹簧刚度也随之增加;载荷减少,弹簧压力也随空气压力减少而下降,因而这种弹簧有理想的弹性特性。

油气弹簧以气体(氮气)作为弹性介质,用油液作为传力介质。

5)减振器

减振器的作用是改善汽车行驶平顺性,其基本结构如图 3-22 所示。为衰减振动,汽车悬架系统中采用的减振器多是液力减振器。

工作原理:当车架(或车身)和车桥间受振动出现相对运动时,减振器内的活塞上下移动,减振器腔内的油液便反复地从一个腔经过不同的孔隙流入另一个腔内。此时,孔壁与油液间的摩擦和油液分子间的内摩擦对振动形成阻尼力,使汽车振动能量转化为油液热能,再由减振器吸收散发到大气中。在油液通道截面等因素不变时,阻尼力随车架与车桥(或车轮)之间的相对运动速度增减,并与油液黏度有关。

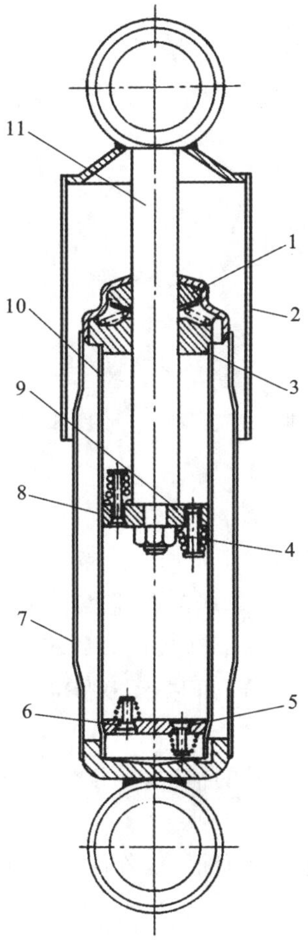

图 3-22　减振器的基本结构

1—油封;2—防尘罩;3—导向座;4—流通阀;5—补偿阀;6—压缩阀;
7—储油缸筒;8—伸张阀;9—活塞;10—工作缸筒;11—活塞杆

技能训练

一、减振器工作情况检查

1. 检查步骤

(1) 将车辆停放在水平地面上,拉起驻车制动器。

(2) 将双手放在一个车轮上方的车身上,然后迅速用力下压车身,使车身在弹簧上跳动。减振器损坏的车辆的振动情况如图 3-23 所示,减振器正常的车辆的振动情况如图 3-24所示。

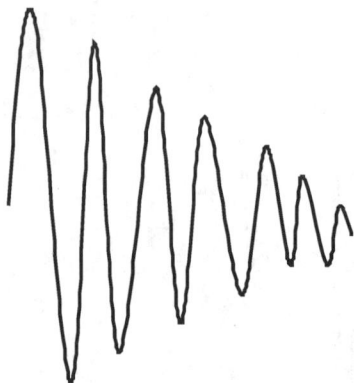

图 3-23 减振器损坏的车辆的振动情况

图 3-24 减振器正常的车辆的振动情况

2．检查注意事项

（1）车型不同,减振器的特性也不同。将一辆车的减振器振动情况与另一辆车的减振器振动情况相比较时,要确定参照车辆的车型相似或完全相同。

（2）检查后减振器时,最好打开后车门,在离后车轮最近的后车门位置下压后车门。

（3）也可粗略地测量车辆从开始上下振动到停止振动所持续的时间。

（4）在车辆的每一个角重复检查。

（5）此方法只是大致检查减振器的情况,如果怀疑某个减振器有问题,应将其拆下做进一步检查。

（6）按压车辆时不要使车的钣金变形,操作时手里也不应拿任何工具。

二、悬架系统零件检查

1．操作步骤

（1）举升车辆,拆下车轮。

（2）目视检查下列项目:减振器油是否渗漏;连杆、悬架臂以及相关零件是否变形或损坏;橡胶轴套是否老化和损坏。

（3）抓住悬架部件并摇动这些部件,检查部件是否松动。

（4）使用扭矩扳手检查紧固件的拧紧扭矩,将任何松动之处拧紧。

2．检查注意事项

（1）减振器是可伸缩的,油液渗漏主要发生在减振器内外管之间的间隙内,渗漏的油液往往由于灰尘而变黑。

（2）手沿着连杆、悬架臂和相关零件移动并目视比较车辆左右两侧对应的零件,检查其是否变形。

（3）连杆和悬架臂轻易不会变形,除非受到严重撞击。如果连杆或悬架臂变形,附近的部件也可能受到影响。因此,检查包括车身在内的附近所有零部件是十分重要的,不要将检查局限在悬架系统。

(4) 通过触摸橡胶轴套及摇动相关的部件来检查橡胶轴套的间隙。

三、车轮轴承检查

1. 检查步骤(粗略检查)

(1) 将车辆升起。

(2) 上下紧握车轮,并沿轴的方向推拉车轮,检查其轴向间隙,此时感觉不到有间隙为正常。

(3) 从下向上用力推车轮,检查其径向间隙,感觉不到间隙为正常。

(4) 转动车轮,感觉轴承内是否有异响或异物。

2. 检查注意事项

(1) 如果感觉到车轮轴承有间隙,应拆下轴承后用千分尺检查。

(2) 推、拉车轮时应沿着轴的方向或垂直于轴的方向进行。

(3) 四个车轮要都检查到,检查前轮时要考虑转向系统的影响。

四、轮胎检查

1. 轮胎充气压力检查

(1) 检查方法:将轮胎气门嘴盖卸下来,在气门嘴上放置气压表(最大限度减少空气泄漏),读取表上读数。

(2) 注意事项:由于不同的压力表、车型等标注的压力单位不同,故检查时一定要看好单位。气压的常见单位换算关系如下:

$1\ MPa = 10.2\ kg/cm^2 = 145\ psi(磅/平方英寸) = 10\ bar(巴) = 9.8\ atm(大气压)$

$1\ psi = 0.006895\ MPa = 0.0703\ kg/cm^2 = 0.0689\ bar = 0.068\ atm$

$1\ atm = 0.101325\ MPa = 14.696\ psi = 1.0333\ kg/cm^2 = 1.0133\ bar$

检查气压时轮胎必须处于冷却状态,即车辆至少停放 3 小时或行驶未超过 1.6 公里。如果压力比规定的值高,按动释放按钮(如安装)或轻轻放松气门嘴上的气压表,释放一些空气;若比规定值低,应给轮胎充气,直到符合规定气压值。检查调整完成后,安上轮胎气门嘴盖。

2. 轮胎损坏检查

目视检查每个轮胎有无下列异常状况:

(1) 轮胎花纹或侧壁凸起或膨胀(若有,必须更换轮胎);

(2) 轮胎花纹或侧壁出现伤口或裂痕(若有,必须更换轮胎);

(3) 轮胎花纹沟内有石子、玻璃、金属片或其他异物(如有,必须清除)。

3. 磨损检查

轮胎的花纹沟深必须大于或等于 1.6 mm。轮胎上都有轮胎磨损指示标,以便在轮胎磨损达到极限时提供指示。这些指示标采用带状形式绕着轮胎的周边,轮胎侧壁还标有轮胎磨损指示标位置的记号,以便查找。可用胎纹深度尺或钢尺测量胎纹深度,发现有达到磨损极限的轮胎,应提示车主更换轮胎。

4. 不均匀磨损检查

在正常情况下,车辆的轮胎应当均匀磨损。但是,某些问题会导致轮胎磨损不均匀。例如,轮胎中心的花纹比肩部的花纹磨损得更快,外侧花纹比内侧花纹磨损得更快,肩部花纹比中心花纹磨损得更快等。另外,前轮与后轮的磨损率不同,左轮与右轮的磨损率也不同。前轮驱动的车辆的前轮比后轮磨损得更快。

造成不均匀磨损的两个主要原因是轮胎气压不正常和前轮定位不正确。如果轮胎中心的花纹或肩部的花纹严重磨损,那么轮胎气压很可能不正常。检查轮胎的磨损程度时,目视检查四个轮胎,以确定其是否磨损不均匀。

如果轮胎确实磨损不均匀,应采取下列步骤:(1)检查轮胎气压;(2)重做四轮定位。

5. 轮胎换位

车辆驱动车轮的轮胎比非驱动车轮的轮胎磨损得更快。前轮驱动式车辆轮胎的磨损率差异特别大,受转向操作力和发动机功率支配的前轮比负荷较轻的后轮磨损得快得多。

为了均匀地分配轮胎磨损,必须进行轮胎换位,即每隔一定时间将轮胎移动至不同的位置。若车辆的轮胎从未被换位,那么轮胎磨损不均匀将会逐渐影响车辆的性能,而且将会缩短其使用寿命。

轮胎换位有四种基本方式。所采用的轮胎换位方式取决于轮胎是否有方向性(设计为仅按一个方向换位),以及备用轮胎是否属于换位轮胎(有些车辆备有小型备用轮胎)。

1)非方向性轮胎的换位

非方向性轮胎必须根据图 3-25 所示方式进行对角和纵向换位。如果包括备胎,备胎应安装在车辆转向盘侧的后轮上。

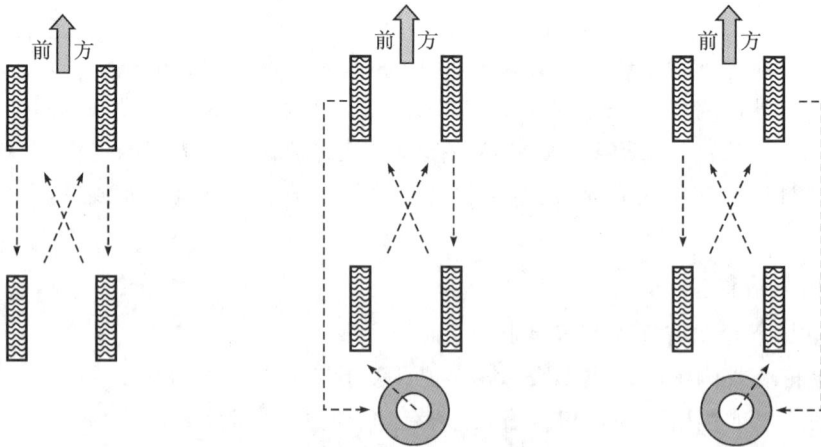

（a）备胎不参与换位　　（b）备胎参与换位（左侧驾驶型）　　（c）备胎参与换位（右侧驾驶型）

图 3-25　非方向性轮胎的换位方式

2)方向性轮胎的换位

方向性轮胎(轮胎侧壁上有方向性标识、子午线轮胎)只能在车辆同一侧的前后轮之间换位。如果包括备胎,备胎应当安装在转向盘侧的后轮上。换位方式如图 3-26 所示。

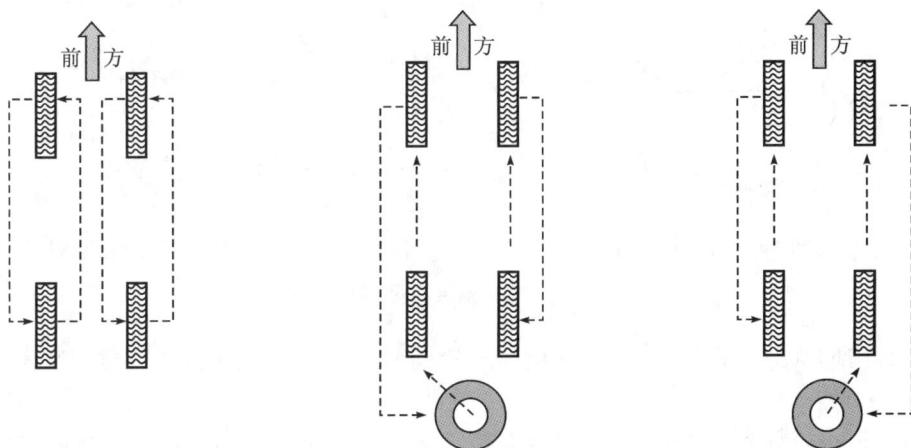

（a）备胎不参与换位　（b）备胎参与换位（左侧驾驶型）　（c）备胎参与换位（右侧驾驶型）

图 3-26　方向性轮胎的换位方式

3）轮胎换位步骤

（1）将车辆驶入举升机上,拉起驻车制动器。

（2）轻轻松开仍与地面接触的所有车轮上的螺栓或螺母。

（3）举升车辆,使车轮离开地面。

（4）拆卸一个车轮上的螺(栓)母,然后将该车轮从车辆上拆卸下来。

（5）将卸下的车轮放在新的位置上。

（6）更换车轮,然后用手指拧紧新安装车轮上的螺母。重复该步骤,直到每个车轮均安装在新的位置上。

（7）放下车辆,按规定扭矩拧紧所有车轮的螺母。

4）注意事项

（1）拆卸车轮螺母时,应首先拆卸下部的螺母,最后拆卸顶部的螺母。这样可以防止车轮危险落地。

（2）在每一个车轮上,按照对角线顺序每次将螺母拧紧一点,逐渐全部拧紧,如图 3-27 所示。

（3）子午线轮胎和斜交胎千万不要混用,否则将容易导致危险事故的发生。如发现此类现象,必须及时告知车主更换轮胎。

6. 轮胎更换

1）将轮胎从车轮上拆下

（1）如果是准备修补的旧轮胎,拆卸前应在轮胎和车轮上标出定位记号。修好后应按照原来的位置重新装上,这样可以保持车轮与轮胎间的平衡。

（2）拆卸轮胎气门芯,释放轮胎内的空气。

（3）用扒胎机先推开两侧的胎唇,以便胎唇进入车轮的中心槽。

（4）用扒胎机撬起轮辋外侧的一个胎唇边以便使其与车轮分开。采用同样的方法将

（a）具有四个螺栓的车轮的拧紧顺序　　　（b）具有五个螺栓的车轮的拧紧顺序

图 3-27　车轮螺栓拧紧顺序

另一个胎唇与同侧的车轮分开，以便使胎体与轮辋分离（详见扒胎机使用说明书）。

2）检查车轮

当胎体与车轮分离后，检查轮辋是否有凹痕或凹凸不平。使用粗钢丝棉将锈点擦掉。用锉刀把刻痕与毛边锉掉，清洗轮辋，以清除所有的锉屑和污物。因意外事故或撞击路边石而弯曲的车轮或轮辋不应继续使用。将弯曲的车轮弄直通常是不可取的。即使将车轮弄直，车轮的性能也会减弱，在高速公路上行驶时也会非常危险。

3）将胎体安装回车轮上

（1）给轮辋和胎唇涂上专用润滑剂或植物油软皂，切勿使用非干性润滑剂、润滑油或润滑脂。这些润滑物会使胎体在轮辋内转动，导致车轮和胎体失去平衡，或腐蚀胎体橡胶。

（2）当重新安装被拆卸的胎体时，要与定位记号对齐。

（3）具体安装方法与拆卸方法相同（详见扒胎机使用说明书）。

（4）给胎体快速充气，以使胎唇安装到位。

（5）胎唇安装到位后，给胎体充气时，充气量应比规定略多一些，以保证胎唇牢固地安装到位。然后，按规定的压力给轮胎放气，最后调整到规定压力。

（6）拧上气门嘴帽。气门嘴帽除了防止污物进入气门嘴外，万一气门嘴出现故障，还可以提供辅助密封，避免突然放气而引起的意外事故。

4）注意事项

（1）使用扒胎机前要仔细阅读其使用说明书。

（2）如果用一个新轮胎换一个旧轮胎，更换完后必须做车轮动平衡测试。

（3）给轮胎充气时，不要充气过量。如果轮胎爆炸，后果非常可怕。

（4）操作时须戴上安全护目镜。

相关拓展

一、防爆轮胎简介

爆胎是非常严重的安全事故，特别是在高速公路上爆胎。据统计，国内高速公路70％的意外交通事故是由爆胎引起的，若车速在 160 公里/小时以上，发生爆胎时的死亡率接近 100%。

给车辆配置防爆轮胎就能最大限度地降低令人担心的安全风险。不过，真正称得上"防爆轮胎"的是军用的 6×6、8×6 等越野装甲车轮胎，这些轮胎里设计了专门的金属条，即使遇到炮火弹片击穿也能保持轮胎短时间内不发生形变，继续前进。普通的民用防爆轮胎虽然做不到如此强悍，但其防爆原理基本是一样的，如图 3-28 所示。防爆轮胎学名叫泄气保用轮胎，英文缩写为 RSC。

图 3-28　防爆轮胎

二、研制历程

1. 早期探索

1904 年，人们开始研究防爆轮胎。20 世纪 30 年代，工程师在轮胎内插入织物以延长爆胎后的行驶里程，后来又尝试插入金属环。1934 年，美国固特异轮胎橡胶公司（简称固特异公司）获得首项防爆轮胎专利。20 世纪 30 年代中期，米其林推出衬里为泡沫的轮胎，这种轮胎可在刺破后继续行驶，用于通勤火车、手推车及装甲车。

2. 技术发展

1973 年，固特异公司首次提出了自支撑型结构的防爆轮胎。1980 年，德国 Continental 轮胎公司在轿车和轻型卡车领域发明了缺气保用技术。1994 年，固特异公司开始批量生产自支撑型结构的防爆轮胎，并将其装配于车辆中。1996 年，米其林公司为林肯其汽车开发出零压力轮胎，并推出了防爆 PAX 系统。该系统由轮胎、特制轮毂、内支撑环以及胎压监测器四部分组成。

3. 整合优化

20 世纪 90 年代中后期，防爆轮胎技术出现了将多种原本单独使用的方法组合起来的趋势，演变为综合性能更优的新技术。其中，自封式防爆轮胎方法得到进一步完善，并逐渐成为主流技术。2002 年，Continental 轮胎公司正式全面采用自撑型结构技术（SSR）。2004 年，Continental 防爆轮胎投入量产，并被宝马公司（BMW）选为原厂配套防爆轮胎。2009 年，普利司通轮胎公司发布了第 3 代自支撑型防爆轮胎，采用了革新的胎侧增强配方和新型胎体骨架材料。

4.市场拓展

2011年,普利司通防爆轮胎与华晨宝马达成战略合作。2014年,普利司通防爆轮胎进一步与奔驰长轴距C级车等车型展开深度合作。2021年2月1日,中国国家标准GB/T 38510正式实施,标志着自修复轮胎市场新局面的开启。例如,安睿驰推出的i-Sealing创新性胎面自动修复技术,成为这一领域的代表性成果。

三、技术原理

虽然从统计数字来看轮胎发生损坏的概率相对较低,但是轮胎漏气是最令驾驶员不愉快的体验之一。现在,BMW(宝马)成为全球首家为客户提供防爆轮胎系统部件(RSC系统)的制造商。RSC系统是一套轮胎安全组件,它使轮胎发生漏气的概率风险和驾驶员对此的担忧都成为过去。

RSC系统包含安装在EH2轮辋上的RSC轮胎和TPI电子警告系统。一旦轮胎压力开始下降,RSC立即向驾驶员发出警告,但是即使轮胎压力下降为零,RSC仍能确保轮胎安全地固定在轮辋上,使轮胎继续行驶一定的距离。这样,车辆上不再需要放置备胎、修理套件和汽车千斤顶,而驾驶员也无须在路边亲自更换轮胎。

由于具有经过特殊设计的轮辋凸峰,EH2(加宽的凸峰)轮辋能够防止轮胎在压力突然下降后脱离轮辋。根据车辆负载情况,这种自支承轮胎能够在胎压降至最低的情况下,使车辆以80公里/小时的车速继续行驶50~250公里。

在所有的轮胎损坏故障中,只有20%是由于轮胎压力突然或迅速下降引起的。换言之,在80%的情况下轮胎压力下降都是缓慢的渐进过程,而此时,RSC轮胎能够使车辆继续行驶长达2000公里。因此毫不夸张地说,RSC轮胎本身就是自己的备用轮胎。这种安全性的显著改善还在于ABS防抱死制动系统、ASC自动稳定控制系统、DSC动态稳定控制系统始终保持功能完全正常。

RSC系统中包含的轮胎压力监示器(TPI)通过不断比较各个轮胎的转速而对各个轮胎的气压进行监视。当车速超过15公里/小时、轮胎压力下降幅度超过30%时,如果某个轮胎的转速发生不规则变化,系统将通过警告灯和声音信号提醒驾驶员注意。

但是,TPI不能替代驾驶员对轮胎压力进行定期检查。在每次改变轮胎压力或安装了新的轮胎之后,需要将TPI系统重新初始化,以使其保存轮胎数据。

RSC技术为安全性和舒适性带来了巨大的进步。即使在轮胎压力完全消失的情况下,RSC仍能够使驾驶员以中等车速继续驾驶车辆,无须因轮胎漏气而不得不在一些有潜在事故风险的地点停车,例如狭窄而危险的弯道上、高速公路上的施工路段、隧道中,等等。驾驶员可以将车辆开到不太远的维修中心(不一定是最近的维修中心),然后由维修车间的专业人员以更稳妥的方式更换轮胎,从而避免了亲自更换轮胎所耗费的时间和带来的不便。

四、未来趋势

米其林PAX遇到的问题,所有防爆轮胎生产厂家都会遇到。宝马在推广RSC防爆轮胎时也并非一帆风顺,至今还得不到人们的完全理解。

早年的 RSC 防爆轮胎,其加固的侧壁令舒适性大大下降,甚至影响了车辆的操控性能,影响了宝马车的豪华运动形象。经过几年的努力,马牌 RSC 防爆轮胎的操控性能已经与普通轮胎非常接近,而其出色的安全性也得到人们的青睐。

在价格方面,RSC 防爆轮胎依然比普通轮胎贵许多,而且防爆轮胎的使用寿命却与普通轮胎一样,这令车主的使用成本增加。

不仅如此,RSC 轮胎由于有坚固的侧壁,如果不动用专业的换胎工具是没法更换的,更换方法不正确甚至会损坏轮圈,这又给车辆的维修增加了困难。因此,装备了 RSC 轮胎的宝马车系,都取消了备胎设计。

RSC 轮胎在爆胎后能支持车辆行驶 250 公里,实际如果遇到较大的破损(例如被大面积尖锐物刺穿)或路面状况恶劣,行驶里程可能缩短为几十公里,而在 100 公里左右的范围内,要想找到一家能够更换 RSC 轮胎的维修店,有时并非一件容易的事。

但无论如何,防爆轮胎仍然是未来汽车轮胎发展的重要方向之一,因为它带来的安全性和方便性是人们所需要的。随着技术的进步,防爆轮胎的成本最终也将降到一个合理的范围内。

复习延伸

(1)轮胎充氮气有哪些好处?

(2)如何区分子午线轮胎和其他普通轮胎?

(3)查阅相关资料,比较铲车、挖掘机、货车、客车、轿车、拖拉机等各自采用了什么类型的悬架系统?为什么?

◀ 任务 3 传动系统的检查及保养 ▶

工作场景

车辆进入举升机后,按要求将车支起至比操作人员高 10 cm 左右的位置锁住(举升机自锁),然后把两个安全支架分别推至车辆的前后轴下以确保安全。

学习目标

通过本任务的学习,学会检查车辆的传动系统并对其进行必要的检查、保养操作。

基础知识

传动系统一般由离合器、变速器、万向传动装置、主减速器、差速器和半轴等组成。其基本功用是将发动机发出的动力传给汽车的驱动车轮,产生驱动力,使汽车能以一定速度行驶。

一、传动系统简介

对于前置后驱的汽车来说,发动机发出的转矩依次经过离合器、变速器、万向节、传动轴、主减速器、差速器、半轴传给后车轮,所以后轮又称为驱动轮。驱动轮得到转矩便给地面一个向后的作用力,地面对驱动轮产生一个向前的反作用力,这个反作用力就是汽车的驱动力。汽车的前轮与传动系统一般没有动力上的直接联系,因此前轮称为从动轮。

传动系统的组成和布置形式是随发动机的类型、安装位置以及汽车用途的不同而变化的。例如,越野车多采用四轮驱动,即在它的传动系统中增加了分动器等总成。而对于前置前驱的车辆,它的传动系统中就没有传动轴等装置。

二、传动系统的布置形式

机械式传动系统的常见布置形式主要与发动机的位置及汽车的驱动形式有关,可分为以下几种。

1. 前置后驱(FR)

前置后驱指发动机前置后轮驱动,是一种传统的布置形式。大多数货车、部分轿车和部分客车都采用这种形式,如图 3-29 所示。

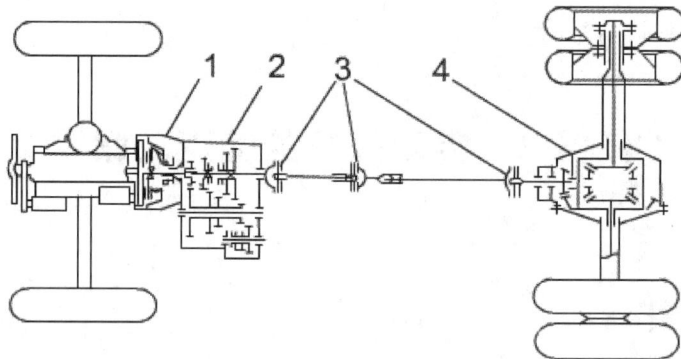

图 3-29　前置后驱布置形式

1—离合器;2—手动变速器;3—万向传动装置;4—后驱动桥

2. 后置后驱(RR)

后置后驱指发动机后置后轮驱动。大型客车多采用这种布置形式,少量微型、轻型轿车也采用这种形式。发动机后置,使前轴不易过载,并能更充分地利用车箱面积,还可有效地降低车身底板的高度或充分利用汽车中部底板下的空间安置行李,也有利于减轻发动机高温和噪声对驾驶员的影响。缺点是发动机散热条件差,行驶中的某些故障不易被驾驶员察觉。远距离操纵也使操纵机构变得复杂,维修调整不便。但由于优点较为突出,后置后驱在大型客车上应用越来越多。

3. 全轮驱动（XWD）

越野汽车一般为全轮驱动，发动机前置，在变速器后装有分动器，分动器将动力传递到全部车轮上。目前，轻型越野汽车普遍采用 4×4 驱动形式；中型越野汽车采用 4×4 或 6×6 驱动形式；重型越野汽车一般采用 6×6 或 8×8 驱动形式。

4. 前置前驱（FF）

前置前驱指发动机前置前轮驱动。这种布置形式的操纵机构简单，发动机散热条件好。但上坡时汽车质心后移，使前驱动轮的附着质量减小，驱动轮易打滑；下坡制动时汽车质心前移，前轮负荷过重，高速时易发生翻车现象。大多数轿车都采取这种布置形式，如图 3-30 所示。

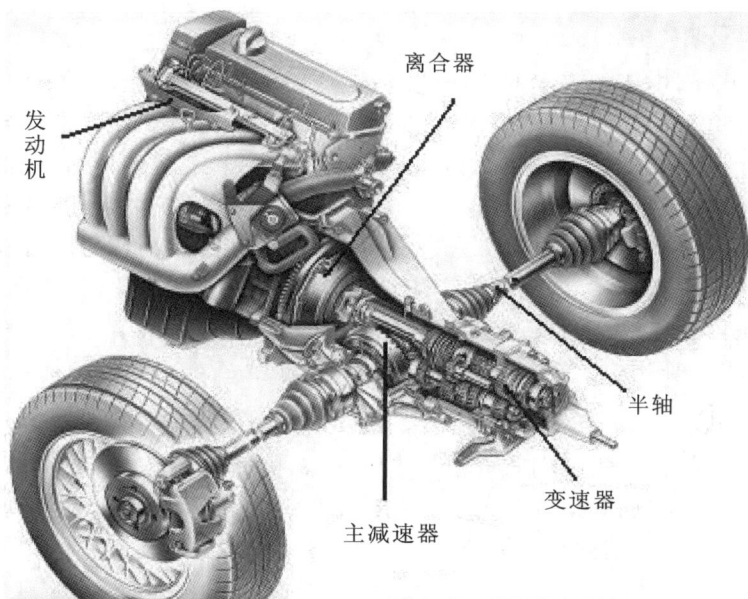

图 3-30　前置前驱布置形式

三、传动系统的组成

1. 机械式传动系统

离合器：位于发动机与变速器之间，用于切断或传递发动机动力，使汽车平稳起步、换挡和防止传动系统过载。

变速器：用于改变传动比，扩大驱动轮转矩和转速变化范围，实现倒车行驶，利用空挡中断动力传递。变速器有手动、自动、无级等多种类型。

万向传动装置：一般由万向节和传动轴组成，其作用是将变速器输出的动力传递给驱动桥，适应变速器与驱动桥之间的距离和角度变化。

驱动桥：主要由主减速器、差速器、半轴和桥壳等部件组成。其功能是将万向传动装置传递的动力进行降速增扭,并将动力分配给左右半轴,从而驱动车轮旋转。

2. 液力机械式传动系统

液力变矩器:能够在一定范围内自动无级改变转矩比和传动比,具有自动适应性,在汽车起步、加速等过程中发挥重要作用。

自动变速器:结合液力传动和机械传动,通过液压控制系统和电子控制系统实现自动换挡,使驾驶操作更加简便。

四、传动系统的功用与发动机配置

汽车发动机所发出的动力靠传动系统传递到驱动车轮。传动系统具有减速、变速、倒车、中断传动、轮间差速和轴间差速等功能,与发动机配合工作,能保证汽车在各种工况条件下正常行驶,并具有良好的动力性和经济性。

1. 减速和变速

汽车的使用条件,诸如汽车的实际装载量、道路坡度、路面状况,以及道路宽度和曲率、交通情况所允许的车速等,都在很大范围内不断变化。这就要求汽车牵引力和速度也有相当大的变化范围。对活塞式内燃机来说,在其整个转速范围内,扭矩的变化范围不大,而功率及燃油消耗率的变化却很大,因而保证发动机功率较大而燃油消耗率较低的曲轴转速范围,即有利转速范围很窄。为了使发动机能保持在有利转速范围内工作,而汽车牵引力和速度又能在足够大的范围内变化,应当使传动系统传动比(传动比就是驱动轮扭矩与发动机扭矩之比或发动机转速与驱动轮转速之比)能在最大值与最小值之间变化,即传动系统应起变速作用。

2. 实现倒车

汽车在某些情况下,需要倒向行驶。然而,内燃机是不能反向旋转的,故与内燃机共同工作的传动系统必须保证在发动机转动方向不变的情况下,能够使驱动轮反向旋转。一般结构措施是在变速器内加设倒挡。

3. 中断传动

内燃机只能在无负荷情况下启动,而且启动后的转速必须保持在最低稳定转速上,否则可能熄火,所以在汽车起步之前,必须将发动机与驱动轮之间的传动路线切断,以便启动发动机。发动机进入正常急速运转后,再逐渐地恢复传动系统的传动能力,即从零开始逐渐对发动机曲轴加载,同时加大节气门开度,以保证发动机不熄火,且汽车能平稳起步。此外,在变换传动系统传动比挡位(换挡)以及对汽车进行制动之前,都有必要暂时中断动力传递。为此,在发动机与变速器之间,装设一个依靠摩擦来传动,且其主动和从动部分可在驾驶员操纵下彻底分离,随后再柔和接合的机构——离合器。

在汽车长时间停驻,以及汽车在发动机不停止运转的情况下暂时停驻时,传动系统应能较长时间中断传动状态。为此,变速器应设有空挡,即所有齿轮都能自动保持在脱离传动位置的挡位。

4. 实现差速

当汽车转弯行驶时,左右车轮在同一时间内滚过的距离不同,如果两侧驱动轮仅用一根刚性轴驱动,则二者角速度必然相同,因而在汽车转弯时必然产生车轮相对于地面滑动的现象。这将使转向困难,汽车的动力消耗增加,传动系统内某些零件和轮胎也必将加速磨损。所以,需要在驱动桥内装设具有差速作用的部件——差速器,使左右两驱动轮可以以不同的角速度旋转。

技能训练

一、液压离合器踏板的调整

1. 调整步骤

(1) 如果离合器踏板上装有开关或调整螺栓,则应调整螺栓的位置,而不应触动离合器踏板,如图 3-31 所示。

(2) 松动螺杆上的锁紧螺母,转动推杆并调整离合器踏板的高度。测量踏板高度时应从底板开始测量,而不应从地毯开始,并且测量方向应与踏板操作平面垂直。

(3) 确定离合器踏板行程符合技术规定。

(4) 拧紧锁紧螺母。

(5) 如果需要的话,依据维修手册调整开关位置。

(6) 在转轴等部位涂抹润滑脂。

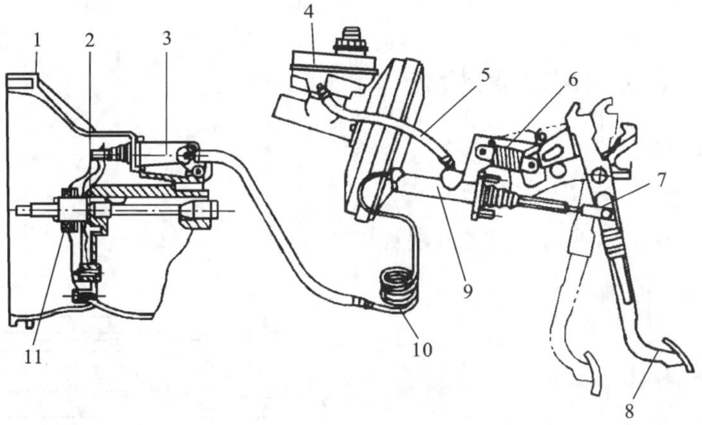

图 3-31 液压式离合器操纵系统

1—变速器壳体;2—分离叉;3—工作缸;4—储液罐;5—进油软管;6—助力弹簧;
7—推杆接头;8—离合器踏板;9—主缸;10—油管总成;11—分离轴承

2. 调整时的注意事项

(1) 应在发动机停止运转时进行离合器踏板的检查与调整。

(2) 如果离合器踏板在运动过程中几乎没有自由行程(正常值应为 20～30 mm),则表明离合器片已经受到一定程度的磨损。应及早更换离合器片,以防离合器打滑以及产生其他类似的故障。

(3) 踏板操作平面的中心是测量的基准点。

二、拉线式离合器踏板的检查与调整

检查与调整步骤如下。

（1）使用直尺测量离合器踏板的自由行程（20～30 mm）。

（2）如果自由行程不符合技术规定，利用调整螺母将自由行程调整到规定范围内的最小尺寸。

（3）锁紧调整螺母，对离合器拉线进行润滑，如图 3-32 所示。

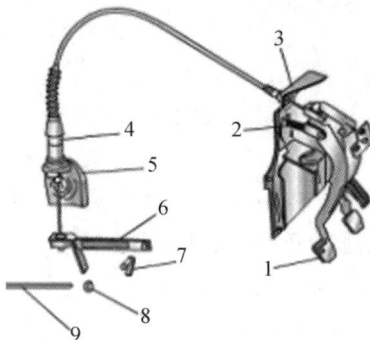

图 3-32　拉线式离合器操纵机构

1—离合器分离踏板；2—偏心弹簧；3、5—支承；4—离合器拉线调整螺栓、螺母；
6—离合器操纵臂；7—离合器分离臂；8—离合器分离轴承；9—离合器分离推杆

三、MTF（手动变速器油）检查

1. 检查的项目

1）MTF 液位

正常液位如图 3-33 所示，检查方法如图 3-34 所示。

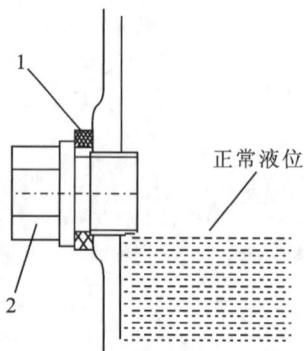

图 3-33　正常液位示意图

1—密封垫圈；2—加注孔螺栓

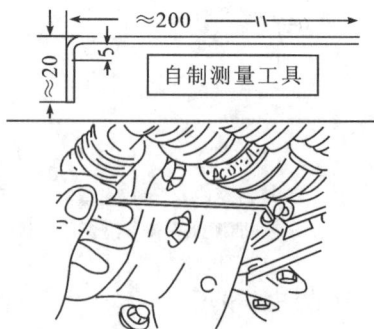

图 3-34　液位检查方法

2）MTF 状态

取出少许变速器油，观察其颜色及状态，不允许有颜色变深、结块、浑浊和金属屑脱落等现象,不得有烧焦的异味。

2. 检查注意事项

（1）关闭发动机。

（2）如果关闭发动机后油液温度较高,应先使其冷却。

（3）液位检查可用自制的 L 形金属钩插入加注孔进行检查。

（4）如果油液(黏附在金属钩上的)看上去很脏或含有金属屑,必须更换。

（5）如果液位很低(低于螺孔下边缘 15 mm),一定要加注变速器油。

（6）如果液位太低,油液无法黏附在金属钩上,应检查是否泄漏。若发现泄漏应更换油液。

（7）对检查出的油液泄漏部位进行修理。

（8）每次拧开油液加注孔或放油孔螺栓后,必须更换螺栓上的垫片;若是内六角螺塞,应重新涂上密封胶。

（9）在重新安装放油孔螺栓之前,必须清除黏附在其末端磁铁上的金属粉尘。

四、ATF(自动变速器油)检查

1）ATF 液位

车辆行驶一段距离后,让变速器油液达到正常工作温度(70～80 ℃)。将车辆停在水平路面上,发动机继续运行,踩下制动踏板,将挡位在各个位置停留片刻,然后使挡位手柄回到停车位置,拉起手制动。发动机继续运转,从自动变速器加注油口中抽出油尺,用干净的棉布擦净,然后再次插入油尺,抽出后检查油面高度,应该在热态(HOT)的上下线范围内,如图 3-35 所示。

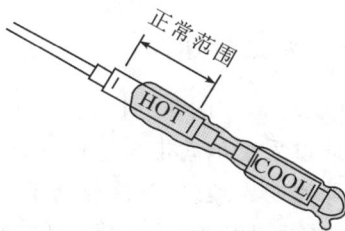

图 3-35 变速器油尺

2）油品质量的检查

将油尺上的油液沾上少许放在手上捻搓,查看是否有渣粒,并感觉其黏度。油品质量良好时,油液为鲜红色、清亮透明,无异味、无残渣。如油液浑浊,颜色呈暗红色,有臭味、焦煳味,有渣粒感等,均应更换。

五、传动轴防尘套检查

传动轴防尘套都会随着时间的流逝而损坏,因此,该项目是车辆定期检查的项目之一。防尘套遮盖传动轴内的挠性接头,这些零件内充满了用于润滑连接节的润滑脂。如果防尘套损坏,将会造成润滑脂泄漏,从而使连接节损坏,出现异常噪声和振动。

防尘套有两种，即橡胶的和树脂的，它们的检查方法相同。检查方法如下。

（1）松开手制动，将变速器置于空挡位置，将车辆升起至合适高度。

（2）一个人用手搬动轮胎至极限位置，然后慢慢转动轮胎一圈。另一个人在车下观察传动轴防护套是否有裂纹、老化和油脂渗漏现象。

（3）同时检查防护套卡箍，确保其安装到位，且紧固良好，如图 3-36 所示。

（4）用同样的方法检查传动轴的其他防护套。

（5）检查过程中，应用手将折叠处展平，以进行彻底检查。此外，检查时还应用手挤压防尘套，检查有无空气泄漏。

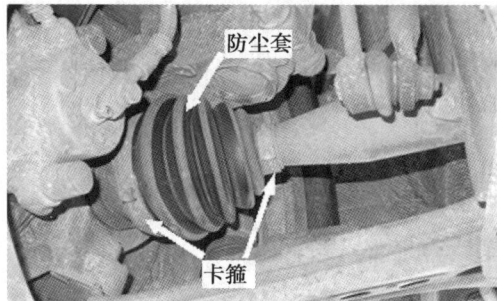

图 3-36　防尘套及卡箍

相关拓展

现阶段汽车的变速器主要包括手动变速器（MT）、自动变速器（AT）、手自一体变速器（A/MT）、无级变速器（CVT）和双离合器自动变速器（DSG）。

一、汽车变速新技术——无级变速器

手动变速器和自动变速器有几个固定的传动比，而无级变速器的优势在于在一定范围内传动比是连续变化的。CVT 通过采用传动带与工作直径可变的主、从动轮相配合，实现动力的传递。CVT 可以实现传动比的连续改变，使传动系统与发动机工况实现最佳匹配，从而提高汽车的燃油经济性和动力性，同时改善驾驶员的操纵方便性和乘坐舒适性。

1. CVT 无级变速的工作原理

CVT 无级变速原理如图 3-37 所示。无级变速系统主要由主动轮组、从动轮组、金属传动带和液压控制系统及电子控制系统等组成。主动轮组和从动轮组都由固定盘和可动盘组成，固定盘在轴上固定不动，而可动盘在液压控制系统的控制下可以沿轴向移动。可动盘与固定盘都是锥面结构，他们各自的锥面共同形成 V 形槽来与 V 形金属传动带啮合。

金属传动带由两束金属环和几百个金属片构成。

发动机输出动力首先传递到 CVT 的主动轮，然后通过 V 形金属传动带传递到从动轮，最后经减速器、差速器传递给汽车驱动轮。CVT 变速系统通过液压控制系统调节主动轮与从动轮的可动盘，使其做轴向移动，从而改变主动轮和从动轮锥面与 V 形金属传动带的啮合工作半径，实现传动比的连续调节。

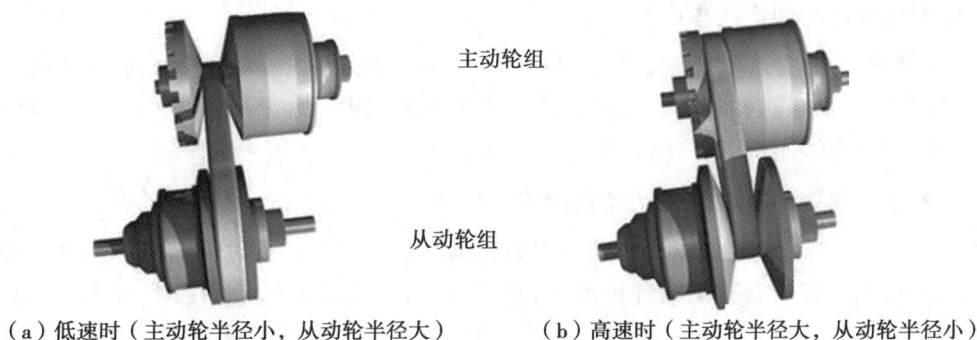

（a）低速时（主动轮半径小，从动轮半径大）　　　（b）高速时（主动轮半径大，从动轮半径小）

图 3-37　CVT 无级变速原理

在金属带式无级变速器的液压系统中，从动油缸的作用是控制金属带的张紧力，以保证来自发动机的动力高效、可靠地传递。主动油缸控制主动轮的位置沿轴向移动，在主动轮组上金属带沿 V 形槽移动，由于金属带的长度不变，在从动轮组上金属带沿 V 形槽向相反的方向移动。金属带在主动轮组和从动轮组上的回转半径发生变化，实现转速比的连续变化。

汽车开始起步时，主动轮的工作半径较小，变速器可以获得较大的传动比，变速器获得较大的减速。随着车速的增加，主动轮的工作半径逐渐增大，从动轮的工作半径相应减小，CVT 的传动比下降，变速器输出转速升高，使得汽车能够以更高的速度行驶。

2. CVT 的核心技术

相对于手动变速器和自动变速器复杂的传动设计，无级变速器的传动实质是很简单的。实际上，原来的踏板摩托车都是无级变速的。那么，为什么在汽车上应用不多呢？

因为无级变速的核心技术是 V 形传动带的设计。早期的 V 形传动带以皮带制作，和我们常用的三角带相似。皮带不但本身能承受的拉力有限，最主要的是它和锥轮之间的摩擦力有限，容易打滑，所以早期的 CVT 变速器能承受的扭矩较小，因此在踏板摩托车上得到广泛应用。现在由于技术进步，皮带传动的 CVT 目前可用到 2.0 L 的汽车上，但真正彻底的解决办法是，以钢制的链条代替皮带，以加强传动带的承受能力并防止打滑。奥迪的 Multitronic 无级变速系统，便采用了特制的传动钢链，它可以承受较大的扭矩，如图 3-38 所示。

图 3-38　V 形金属传动带结构

3. 无级变速在国产汽车中的应用

最经典的无级变速系统就是奥迪的 Multitronic,之后广汽本田的飞度、东风日产的轩逸、东风日产的高档车天籁新款车也采用无级变速技术。随着 V 形金属传动带设计技术的进步,会有更多的车型采用无级变速技术。

4. 关于无级变速器中的手动换挡功能

大部分车厂的无级变速系统,都会额外增设手动模式,提供手/自动一体化的功能。不过,由于 CVT 理论上有无数种传动比,车厂在 CVT 上设置的手动换挡模式,原理上只是采用电脑程序将整个传动范围划分成若干段,然后按预设的段落一段一段地去变换传动比。只要车厂愿意,将 CVT 的手动模式设置成 5 前速、6 前速甚至 10 前速,难度都是一样的。CVT 的手动模式只为满足一些人的驾驶偏好,将原本无级的传动比划分成几级,实质上乃是"扬短避长"之举。

二、汽车变速新技术——双离合器自动变速器

双离合器自动变速器(DSG),顾名思义,就是一台变速器使用了两个离合器,各离合器单独运转。双离合器自动变速器好在哪里呢?

以大众汽车双离合器自动变速器为例,厂家宣称:DSG 的换挡动作比手动变速器还要快,能带来更多驾驶乐趣;DSG 换挡过程中不产生动力间断,极为快速的换挡过程不会导致顿挫感,装载 DSG 的车型的油耗水平与手动挡车型相当,甚至低于手动挡车型。

1. 双离合器自动变速器的工作原理

双离合器自动变速器省略了传统手动变速器的离合器踏板,改由电子控制液压系统对两个离合器进行控制。双离合器自动变速器的输入轴也被分为两部分,两个离合器各自与一根输入轴相连,中空的外轴用于连接变速器中的偶数挡位,外轴套嵌的实心内轴则用于连接奇数挡位。两个离合器在工作时相互配合,各自负责一根输入轴的动力传递。

从图 3-39 中可以看出,离合器 2 通过内轴控制变速器中的奇数挡位,离合器 1 通过外轴控制变速器中的偶数挡位。

当汽车正常行驶时,一个离合器与变速器中的某一挡位相连,将发动机动力传递至驱动轮,与此同时,控制单元根据车辆行驶速度和发动机转速对驾驶者的换挡意图进行预先判断,控制另一个离合器与变速器中下一挡位的齿轮组相连,离合器仍处于分离状态,尚未进行任何动力传输。

换挡时,第一个离合器断开连接,同时第二个离合器将之前预连接的变速器中下一挡位的齿轮组与发动机接合,进行下一个挡位的动力传输,从而不会出现动力中断的状况。除了空挡外,DSG 中的一个离合器总处于接合状态,另一个离合器总处于断开状态。

正是这样的两个离合器配合换挡的结构,在挡位切换时齿轮早已衔接,实现了平顺换挡、快速换挡、动力"无间断"的输出,达到了节约燃油的目的。据大众官方数据,目前普及型 DSG 的换挡时间只有 0.2 s 左右。即使是全球最好的赛车手,其换挡速度也不可能与 DSG 相比。DSG 的换挡时间也远超出人类操作的极限。

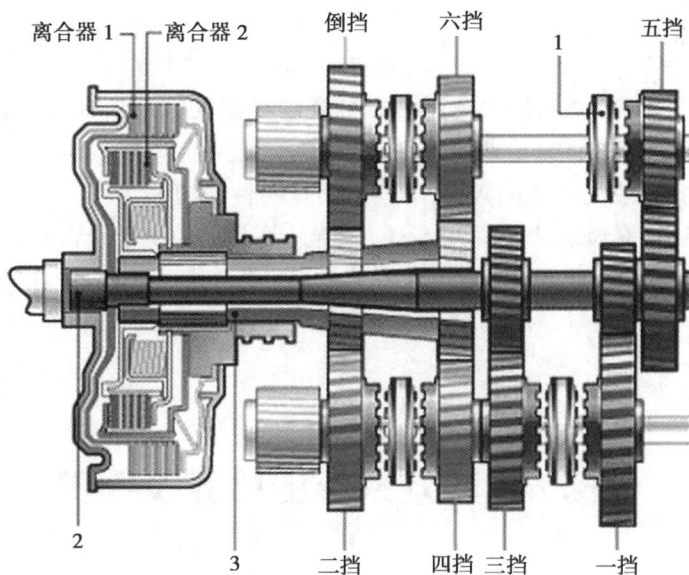

图 3-39　双离合器自动变速器结构简图

1—齿轮选择器；2—内变速器轴（内轴）；3—外变速器轴（外轴）

2. 双离合器自动变速器的应用

双离合器自动变速器是脱胎于半自动变速器技术的一项衍生技术，目前大众已经在高尔夫汽车上成功使用了 DSG-7 挡双离合器自动变速器，其核心技术是从机械传动的手动变速器发展而来，内部构造与传统手动变速器相似。因此它继承了手动变速器工作可靠和便于维护的技术优势。同时，双离合器自动变速器在使用方面与普通自动变速器并无太大差别，方便省力。

3. 双离合器自动变速器的类型

目前在市场上应用广泛的是大众汽车的 DSG 系列双离合器自动变速器，主要有 DSG-6 挡双离合器自动变速器和 DSG-7 挡双离合器自动变速器。

DSG-6 挡双离合器自动变速器采用"湿式"双离合器。"湿式"是指双离合器安装在一个充满液压油的封闭油腔里。这种"湿式"结构具有更好的调节能力和优异的热容性，因此能够传递比较大的扭矩。DSG-6 挡双离合器自动变速器可匹配最大扭矩为 350 N·m 的发动机。

DSG-7 挡双离合器自动变速器采用"干式"双离合器。双离合器由 3 个尺寸相近的离合器片同轴相叠安装组成。因为它的双离合器不是像 DSG-6 挡双离合器自动变速器那样安装在封闭油腔里，所以，被称为"干式"双离合器。"干式"双离合器结构简单，因而效率更高。但是"干式"离合器自身结构的固有特性使它能够承受的最大扭矩比"湿式"离合器要低。DSG-7 挡双离合器自动变速器适合于匹配最大扭矩不超过 250 N·m 的小排量发动机。

复习延伸

（1）查阅相关资料，测量某款车辆的离合器踏板高度、行程、有效行程、自由间隙，若哪项指标不在技术规范之内，请调整。

（2）仔细观察报废的 MTF、ATF 与合格的这两种油的区别。

（3）车辆上除了传动轴上有防尘套外，还有几处其他的防尘套，请找到并检查其损坏情况。

（4）查阅相关资料，列表比较自动变速器、无级变速器、双离合器自动变速器的区别和联系。

◀ 任务4 转向系统的检查及保养 ▶

工作场景

要完成此项任务，需准备好待检查维护的车辆、举升机、安全支架两个、维修工具、直尺、足够的转向助力油及专用的抽油设备等。可在维修车间，也可在平坦坚实的路边，但一定要保证安全，在外边还需准备好千斤顶等举升设备。

学习目标

通过本任务的学习，学会检查并调整转向系统中转向盘的技术状况、转向横拉杆的检查方法、转向助力油的更换方法及注意事项等。

基础知识

一、转向系统的功用

在汽车行驶过程中，驾驶员需根据路况经常改变行驶方向。汽车行驶方向的改变，是通过转向轮（一般是前轮转向，也有后轮或四轮转向）在路面上偏转一定的角度来实现的。用来控制转向轮偏转的一整套机构，称为汽车转向系统。

转向系统的功用是按照驾驶员的意愿改变汽车的行驶方向和保持汽车稳定地直线行驶。其中，转向器的功用是将转向盘的转动变为转向摇臂的摆动或齿条轴的直线往复运动，并对转向操纵力进行放大。转向器一般固定在汽车车架或车身上，转向操纵力通过转向器后一般还会改变传动方向。

二、转向系统的类型

汽车转向系统按动力源不同分为机械转向系统(见图 3-40)和动力转向系统(见图 3-41)两大类。

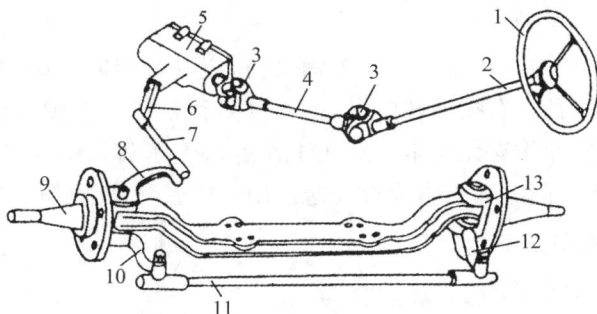

图 3-40　机械转向系统示意图

1—转向盘;2—转向轴;3—转向万向节;4—转向传动轴;5—转向器;6—转向摇臂;7—转向直拉杆;
8—转向节臂;9—左转向节;10—左转向梯形臂;11—转向横拉杆;12—右转向梯形臂;13—右转向节

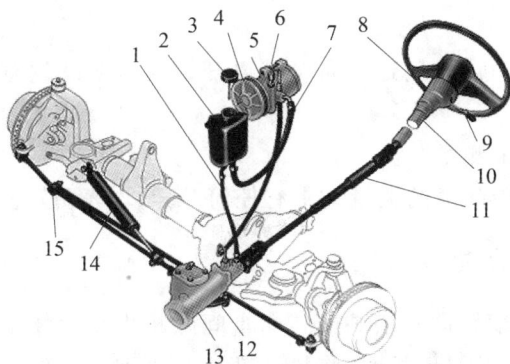

图 3-41　动力转向系统示意图

1—动力转向回油总管;2—动力转向液油罐总成;3—动力转向液油罐盖;
4—动力转向泵皮带轮;5—动力转向泵;6—动力转向压力管总成;
7—油罐到泵的油管总成;8—转向盘总成;9—综合开关操纵杆总成;
10—转向柱总成;11—动力转向中间轴总成;12—转向摇臂;
13—动力转向器总成;14—转向减振器;15—转向拉杆和横拉杆总成

机械转向系统以驾驶员的体力作为转向动力源,所有传力件都是机械的,主要由转向操纵机构(转向盘)、转向器和转向传动机构三大部分组成。动力转向系统除具有以上三大部分之外,还有一套转向助力装置。根据辅助转向能源的不同,动力转向系统又可分成液压式、气压式和电动式三种类型。

技能训练

一、转向盘操作检查

1.初步检查

在进入驾驶室开始向工作地点驾驶车辆之前,应进行转向系统的检查。坐在驾驶员座椅上时,应上下、前后、左右摇动转向盘,检查其是否松旷。驾驶车辆时,检查转向系统有无噪声或振动,转向操作有无异常。到达工作地点停车后再检查转向盘间隙是否超出技术要求范围。转向盘间隙和松旷检查普遍适用于机械和动力转向系统。

2.转向盘间隙的测量

(1)确认前轮指向正前方。

(2)在转向盘的顶端用胶带或细绳做好标记。

(3)将直尺紧贴转向盘顶端,然后测量在不使前轮移动的情况下,转向盘向左及向右转动的距离。用直尺测量转向盘外缘的移动量,一般为 15～20 mm。以胶带或细绳作为测量参考点。

3.注意事项

(1)向左或向右转动转向盘到转向轮就要开始移动或感觉有阻力时即停止,测量此时的移动量。

(2)在转向盘的外围测量。

(3)左转间隙与右转间隙的测量结果有任何差异,均表明转向机构出现故障。

二、转向盘松旷检查

如果初步检查中发现转向盘松旷或转向盘间隙超出技术要求,首先应进行齿条导块调整,检查转向系统的安装是否松旷,将松动部位紧固到规定的扭矩,再次检查松旷情况(如果初步检查没有发现转向盘松旷,而且间隙在技术要求范围之内,那么无须执行此项调整)。若间隙仍然超标,则依次检查下列项目:转向柱装配螺栓及螺母是否松动;转向盘螺栓及螺母是否松动;转向万向节螺栓是否松动;横拉杆球头球笼接头移动是否顺畅,接头有无损坏;转向器装配螺栓是否松动;转向器安装衬垫有无损坏。

三、横拉杆球头检查

1.检查步骤

车辆转向系统的横拉杆球头存在间隙会导致转向系统反应能力减弱,并使转向盘产生振动。可按下列步骤检查球头间隙。

(1)将车轮指向正前方。

(2)将车辆举起。

(3)双手握住车轮,尽力左右摇动车轮。如有移动,表明球头存在间隙。

(4) 观察横拉杆末端的橡胶防尘套有无破裂及损坏,润滑脂有无泄漏等。

2. 注意事项

(1) 如果球头变脏,用抹布擦拭干净以便确切检查防尘套的状况,并且防尘套的四周都要检查到。

(2) 泄漏的润滑脂会因污物而变黑。擦拭防尘套,检查抹布上的污物是否是润滑脂。此外还应检查污物中是否有金属颗粒。

(3) 两个转向轮用同样的方式检查。

四、动力转向油的检查与更换

1. 检查

动力转向油比制动液的性能更加稳定,使用寿命更长。一般只有当动力转向系统修理时或在出现严重故障(如油液被污染、含有金属颗粒等)时才进行油液的更换。

检查时可将车辆停放在坚实的水平地面上,关闭发动机。打开发动机舱盖,查看动力转向油储液罐内的液位。液位应在上下标线之间。如果液位过低,则表明系统内油液泄漏,此时必须认真检查转向系统。检查液位的同时,还应检查油液的状态,如果油液被严重污染,则应更换油液。

2. 更换

(1) 将车辆停放在坚实的水平路面上,运行发动机,使储液罐内的液压油达到正常的工作温度。

(2) 将发动机熄火,在储液罐周围的车体及其他零部件上铺上维修用布,以防止油液迸溅。

(3) 打开加油罐盖,用专用工具将储液罐内的油液全部抽出后,加入新液压油达到正常液面,盖好罐盖。

(4) 运行发动机,向左、向右转动转向盘至极限位置,使液压油充分流动,达到正常液压油温度时停止运行发动机。

(5) 再次打开储液罐盖,同样将罐内液压油全部抽出,加入新液压油,盖好罐盖,继续运行发动机并向左、向右转动转向盘到极限位置。

(6) 重复上述过程 2～3 次,当储液罐内的液压油颜色同新油接近时,调整液面高度至合适位置,操作完毕。

3. 注意事项

(1) 不同品牌的液压油不可混用。

(2) 调整液位完毕时观察液面位置,不可使液面高出标线上限。因为车辆行驶时油温变热,油液体积会大大增加而从罐内溢出。

(3) 加注油液时要缓慢进行,以免出现气泡。因为气泡会削弱油液传输动力的有效性,同时还会使液面升高。

(4) 系统内的空气必须排净,方法是缓慢转动转向盘分别向左、向右到达极限位置后停留 5 s。

（5）如油液进溅到其他零部件上，则应立即擦拭。

（6）加注完成后，应牢固可靠地安装储液罐盖。

相关拓展

四轮转向系统简介

四轮转向（4 wheel steering，4WS）即除了传统的以前轮为转向轮外，后两轮也是转向轮。

汽车的四轮转向系统在 20 世纪 80 年代中期开始发展，其主要目的是提高汽车在高速行驶状态或受侧向风力作用下的操作稳定性，改善低速行驶时的操纵轻便性，以及减小停车时的转弯半径。

四轮转向主要有两种工作方式：车辆以中高速行驶时，后轮转向与前轮转向方向相同，称为同向位转向；车辆以低速行驶时，后轮转向与前轮转向方向相反，称为逆向位转向。图 3-42 所示为同向位转向时的示意图。

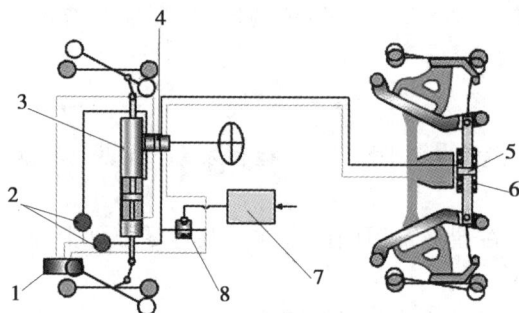

图 3-42　四轮转向系统示意图

1—储液罐；2—动力泵；3—前动力缸；4—分配阀；5—后动力缸；
6—复位弹簧；7—控制器；8—电磁阀

四轮转向技术目前被很多公司所采用，其中大多应用在大型车辆上，也有一些 SUV 以及跑车具有四轮转向的功能。配备四轮转向之后，车辆可以减小转弯半径，提高低速行驶时的机动性以及高速行驶时的操纵稳定性和可控制能力。我们以德尔福公司的 Quadrasteer 四轮转向系统为例对四轮转向进行介绍，它也是目前最为先进的四轮转向系统之一。

系统有四个主要部件——前轮定位传感器、可转向的整体准双曲面后轴、电动机驱动的执行器以及一个控制单元。前轮定位传感器和车辆速度传感器连续不断地向控制单元报告数据，控制单元根据报告的数据确定后轮合适的角度，通过计算，决定正确的操作阶段。该系统有三种主要运行方式：负相、中相、正相。低速行驶时，后轮转弯方向与前轮相反，这就是负相。中速行驶时，后轮笔直而保持中相。高速行驶时，后轮处于正相，和前轮转弯方向相同。在低速行驶时，负相拖曳操纵，尾部跟随车辆的真实轨迹，比两轮转向更紧密。这使得在城市交通中的驾驶更容易。低速操纵时，如倒车上船板或野营带拖车停车时，Quadrasteer 将使操纵更容易。倒拖车时，负相极大地改进了拖车对转向动作的反应，更容易使车辆就位。Quadrasteer 提高了车辆的高速行驶平稳性。高速行驶时后轮和前轮的转向相同，有助于减少车辆侧滑或扭摆，对平衡车辆在超车、变道或躲避不平路面时的反应均有帮助。此外，Quadrasteer 和四轮驱动系统也可以完全兼容，并能提高四轮驱动系统的性能，根据制造厂商的要求，既能由驾驶员选择，又能实现全自动化。比如，使用选择界面，驾驶员就能调节不同驾驶条件下后轮转向的性能。选择模式包括一般驾驶、拖车拖运和两轮转向。如果四轮转向系统损坏，Quadrasteer 系统还可回到正常两轮转向模式。

当按动按钮选定四轮转向（4WS 或 4WS 挂车）模式时，Quadrasteer 系统处于激活状态。Quadrasteer 系统配备了两个传感器，其中一个传感器安装在转向柱上，用以检测转向盘的转向角度，另一个传感器安装在变速器上，用于提供车速信号。来自这两个传感器的信号都能及时传递至控制单元。事实上，控制单元是一个包含两个具有 10 MHz 运行速度及 128 KB 内存的微处理器的集成单体。每个微处理器根据转向及车速传感器的输入信息进行独立运算，并同时启动系统自检功能以确定系统自身功能正常。然后，控制单元通过比较两个微处理器的计算数据来确定转向是否正在正确执行。如果一切正常，那么控制单元将启动后轴转向驱动电机。在此过程中，微处理器以 0.004 s/次的频率持续不断地反复进行转向角度的计算和转向系统故障自检。

一旦四轮转向系统出现异常或传感器出现错误，后轴转向执行电机立即自动驱动后轴回正，同时，系统由 4WS 切换进入 2WS（传统的 2 前轮转向）的安全转向模式。即便在转向过程中控制单元出现灾难性故障，后轴转向齿条机构内部的复位弹簧也能够使后轴慢慢回复至中立位置，并同时使后轮转向电机关闭以阻止后轮的转向动作。

复习延伸

（1）哪些类型的车辆采用四轮转向？哪些类型的车辆采用后轮转向？

（2）更换转向助力油时，没有专用的抽油设备怎么办？

项目 4　车身部件及电器系统保养与维护

◀ 任务 1　检查汽车车灯及仪表性能 ▶

工作场景

车辆停放在检修场地，拉起驻车制动器，两名同学配合检查车身内外电器、用电设备的各项功能是否完备。一人在驾驶室内操作，另一人在车外指挥操作，同时观察并记住各电器的功能状况。

学习目标

通过本任务的学习，能认识各个电器并掌握其功能；能认识车内各个电器开关及相关符号，并会操作这些开关。

基础知识

1. 前照灯

前照灯俗称大灯，装在汽车头部两侧，用来照明车前道路。在夜晚弯道会车时，前照灯用于远近光切换，发送来车信号。

2. 雾灯

雾灯安装在汽车头部和尾部。在雾天、下雪、暴雨或尘埃弥漫等情况下，雾灯用来改善车前道路的照明情况，并提高车辆的可见性。

3. 牌照灯

牌照灯安装在汽车尾部牌照上方或左右两侧，用来照明后牌照。

4. 转向灯

主转向灯一般安装在汽车头、尾部的左右两侧,用来指示车辆行驶趋向。

5. 倒车灯

倒车灯安装在汽车尾部,当变速器挂入倒挡时自动发亮,用于照明车后侧,同时起警示后方车辆行人注意安全的作用。

6. 制动灯

制动灯俗称刹车灯,安装在汽车尾部。在踩下制动器踏板时,制动灯发出强红光,以示制动。

7. 危险警告灯

危险警告灯用来警示前后车辆注意安全。

8. 示廓灯

示廓灯安装在汽车前面、后面和两侧。夜间行驶接通前照灯时,示廓灯同时发亮,标志车辆的形位等。

9. 仪表照明灯

仪表照明灯装在仪表板反面,用来照明仪表指针及刻度板。

10. 顶灯

顶灯除用于车舱内照明之外,还兼起监视车门是否可靠关闭的作用。

11. 检查汽车车灯的意义

汽车照明灯主要用于夜间照明,现在也有带日间行车灯的汽车。汽车信号灯和指示灯是用来提示车辆和行人注意安全的。

车辆的远近光灯所达到的亮度、距离和角度都是有一定范围和标准的。如果没有照明灯,汽车夜间就无法正常行驶,还会造成交通事故;如果没有汽车信号灯和指示灯,对方和后方的车辆及行人无法预知你的行驶路线,也会造成交通事故。因此,汽车的灯光信号直接关系到行车安全。

技能训练

一、车外灯光

(1)检查汽车变光器开关自动返回功能,如图 4-1 所示。
(2)检查汽车前、后示廓灯功能,如图 4-2 所示。
(3)检查前照灯(近光灯)功能,如图 4-3 所示。
(4)检查前照灯(远光灯)功能,如图 4-4 所示。
(5)检查雾灯功能,如图 4-5 所示。
(6)检查汽车前、后转向灯功能,如图 4-6 所示。

图 4-1　检查汽车变光器开关

图 4-2　检查示廓灯

图 4-3　检查前照灯（近光灯）

图 4-4 检查前照灯（远光灯）

图 4-5 检查雾灯

图 4-6 检查转向灯

（7）检查汽车前、后危险警告灯功能，如图4-7所示。

图 4-7　检查危险警告灯

（8）检查制动灯功能，如图4-8所示。

图 4-8　检查制动灯

（9）检查倒车灯功能，如图4-9所示。

图 4-9　检查倒车灯

二、汽车车内仪表灯

（1）燃油液位灯（见图 4-10）：若燃油液位灯亮，则表示油箱中的燃油接近用完。

图 4-10　燃油液位灯

（2）发动机故障指示灯（见图 4-11）：若该故障指示灯亮，则表示发动机控制系统或变速器控制系统存在故障。

图 4-11　发动机故障指示灯

（3）安全带指示灯（见图 4-12）：若安全带指示灯亮，则表示驾驶人/乘车人员未系紧安全带。

图 4-12　安全带指示灯

（4）充电指示灯（见图 4-13）：若充电指示灯亮，则表示充电系统存在故障。

（5）制动系统警告灯（见图 4-14）：若制动系统警告灯亮，则表示存在驻车制动未解除、制动液液位过低、制动系统故障等情况。

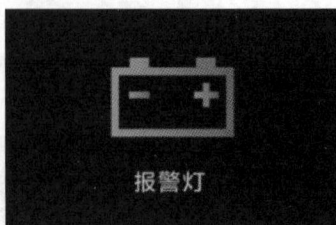

图 4-13　充电指示灯

图 4-14　制动系统警告灯

（6）开门警告灯（见图 4-15）：开门警告灯亮表示车门未完全关闭。

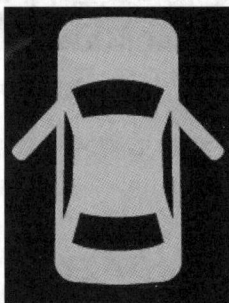

图 4-15　开门警告灯

（7）机油低压警告灯（见图 4-16）：机油低压警告灯亮表示机油压力过低。

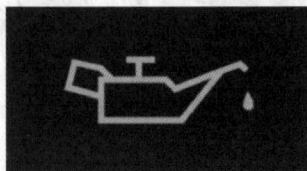

图 4-16　机油低压警告灯

（8）SRS 警告灯（见图 4-17）：SRS 警告灯亮表示 SRS 系统存在故障。

（9）ABS 警告灯（见图 4-18）：ABS 警告灯亮表示 ABS（防抱死制动系统）工作异常。

（10）ESP 警告灯（见图 4-19）：ESP 警告灯亮表示车辆的电子稳定系统可能存在故障或正在工作。

图 4-17 SRS 警告灯

图 4-18 ABS 警告灯

图 4-19 ESP 警告灯

相关拓展

一、车灯技术发展

车灯技术经历了从传统照明到智能化、高效能的多阶段演进,从早期的卤素灯到如今的激光大灯,每一次技术革新都极大地提升了驾驶安全性和舒适性。

卤素灯:作为早期主流车灯,卤素灯利用钨丝通电发光,结构简单、成本低廉。然而,其亮度和使用寿命有限,难以满足现代汽车对光照强度和耐用性的要求,逐渐被更先进的光源替代。

氙气灯:通过气体放电发光,氙气灯亮度高,色温接近自然光,寿命长,曾是高端车型的首选。但其需要配备安定器,点亮有延迟,且存在一定的安全隐患,如今应用逐渐减少。

LED灯：凭借半导体发光技术，LED灯具有节能高效、响应速度快、寿命长、体积小等显著优势，已成为现代汽车车灯的主流选择。矩阵式LED大灯的出现更是实现了光束的智能控制，可根据路况自动调整光线分布，避免对其他车辆造成眩光干扰，极大地提升了行车安全性和舒适性。

激光灯：作为前沿技术，激光灯利用激光二极管发光，亮度极高、照射距离远、能耗低，代表了未来车灯技术的发展方向。然而，其技术复杂、成本高昂，目前主要应用于高端车型。

二、车灯智能化

随着汽车技术的不断进步，车灯也逐渐从单纯的照明工具转变为智能驾驶的重要辅助设备。

自适应照明系统：可根据车速、转向角度等来自动调节灯光的照射角度和范围。例如，车辆转弯时，转向灯一侧的灯光会自动转动，照亮弯道内侧，有效提升夜间行驶的安全性。

自动前照灯：通过光传感器检测外界光线强度，自动开启或关闭车灯，方便驾驶者操作，同时提高了行车安全性。

智能交互前照灯：部分高端车型的前照灯能够与行人或其他车辆进行交互，例如通过不同的灯光闪烁模式传达信息，提醒行人或车辆注意安全。

三、车灯法规与标准

车灯作为汽车的重要安全设备，其设计和安装必须严格遵循相关法规和标准。

国内标准：我国的GB 4785《汽车及挂车外部照明和光信号装置的安装规定》等标准，对车灯的安装位置、光色、亮度、照射角度等有明确要求，确保车灯符合安全规范，保障行车安全。

国际法规：联合国欧洲经济委员会（UNECE）制定的ECE法规是国际上广泛认可的车灯标准。许多国家以此为基础制定本国法规，促进了车灯技术的国际化和标准化发展。

四、车灯改装与个性化

车灯改装是许多车主追求个性化和提升车辆性能的常见方式，但在改装过程中必须严格遵守相关法规。

合法改装：车主可在法规允许的范围内对车灯进行改装，例如更换更亮的灯泡、升级镜透等，但需确保不影响车辆安全性能和他人行车安全。

个性化改装：一些车主会进行个性化改装，如加装流光转向灯、底盘灯等，以彰显车辆的独特性。然而，改装时必须注意不能违反法规，避免影响行车安全和公共秩序。

车灯技术的发展不仅提升了汽车的照明效果，还推动了汽车智能化的进程。同时，严格的法规和标准也为车灯的安全应用提供了保障。

复习延伸

(1) 请收集各种车型仪表板上的指示灯及图形符号,并查阅其用途或意义。

(2) 几乎每个开关上都有一个图形或符号,并且越是高档车辆其开关越多,图形符号也越多,请尽可能多地收集这些图形符号,并了解其意义。

◀ 任务2 检查汽车相关电器部件性能 ▶

工作场景

车辆停放在检修场地,拉起驻车制动器,两名同学配合检查车身内外电器、用电设备的各项功能是否完备。一人在驾驶室内操作,另一人在车外指挥操作,同时观察并记住各电器的功能状况。

学习目标

通过本任务的学习,要学会检查喇叭性能、检查风窗玻璃刮水器等。

基础知识

1. 喇叭

喇叭用来警告行人和车辆,以引起注意,保证行车安全。

2. 刮水器

刮水器的作用是确保驾驶员在雨天、雾天或雪天等恶劣天气条件下拥有清晰的视野。它能够在需要时向风窗玻璃喷洒专用清洗液或水,并配合刮片的运动,有效清除风窗表面的污物,从而保持玻璃的清洁和透明度。

3. 定期检查

汽车的喇叭、刮水器的好坏直接关系到行车安全。如果刮水器损坏了,一旦遇到雨天,汽车将无法行驶,所以一定要定期检查。

技能训练

1. 检查喇叭性能

检查喇叭性能的操作如图 4-20 所示。

图 4-20　检查喇叭性能

2. 检查风窗玻璃刮水器

检查风窗玻璃刮水器时,应首先检查刮片、刮杆及连接部件的外形是否正常,确认无老化、变形或损坏;其次,启动刮水器检查其刮水效果,观察刮水器能否自动复位,如图 4-21 所示。

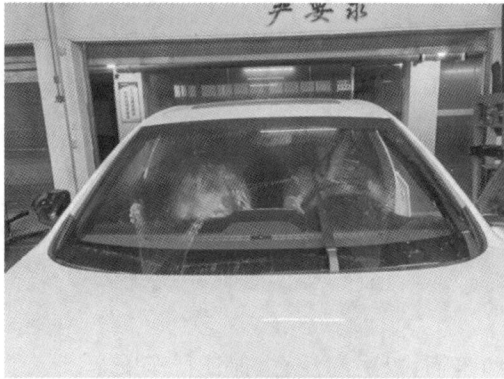

图 4-21　检查风窗玻璃刮水器

3. 检查喷洗器(玻璃水喷嘴)

检查喷洗器是否堵塞或损坏。喷洗器应无堵塞、无变形,喷射方向应正确,确保喷出的液体能覆盖整个风窗玻璃。检查喷洗管路是否老化、破裂或松动,确保管路连接牢固,无泄漏。

打开玻璃水加注口盖,检查玻璃水液位是否充足。如果液位不足,应及时添加合格的玻璃水。

同时,检查喷洗器是否能与刮水器联动,喷水后刮水器是否能自动启动,及时清理玻璃表面。

相关拓展

一、电源系统部件

电源系统包括发电机和电压调节器等部件。

发电机:由发动机带动,将机械能转化为电能,为车辆用电设备供电并给蓄电池充电,有直流发电机和交流发电机等类型。交流发电机应用更广泛,具有体积小、效率高、输出稳定等优点。

电压调节器:与发电机协同工作,通过调节发电机的励磁电流,确保发电机在不同工况下输出电压的稳定性。电压调节器通常分为触点式和电子式两种类型。其中,电子式电压调节器凭借其更可靠的性能和更高的调节精度,逐渐成为主流选择。

二、启动系统部件

启动系统包括启动机和启动继电器等部件。

启动机:主要由直流电动机、传动机构和控制装置组成,受点火开关控制。其作用是将电能转化为机械能,带动发动机曲轴旋转实现启动,常见的有电磁式启动机和永磁式启动机。

启动继电器:主要功能是控制启动机电路的通断,从而保护点火开关免受高电流冲击。当点火开关切换至启动位置时,启动继电器的线圈通电,触点随即闭合,迅速接通启动机电路,使启动机得以高效运转,进而带动发动机启动。这一设计不仅确保了启动过程的可靠性,还有效延长了点火开关的使用寿命。

三、车身电气部件

电动车窗系统、电动座椅系统和汽车音响系统均属于车身电气部件。

电动车窗系统:由车窗、车窗电机、升降器、控制开关等组成,可通过开关控制车窗电机正反转,实现车窗的升降。部分车型的电动车窗系统还具备一键升降和防夹功能。

电动座椅系统:通常由座椅电机、传动装置、调节开关等组成,可实现座椅的前后、高低、靠背角度等多向调节。一些高端车型的电动座椅系统还带有座椅记忆功能。

汽车音响系统:包括主机、扬声器、功率放大器等。主机负责播放音源;扬声器将电信号转换为声音;功率放大器对音频信号进行放大,提升音质。高端汽车音响系统还配备多个扬声器和音效处理技术。

四、安全与舒适系统部件

安全与舒适系统包括安全气囊系统和自动空调系统。

安全气囊系统:由传感器、气囊控制单元、气囊组件等组成。当车辆发生碰撞时,传感器检测到超过设定阈值的加速度,气囊控制单元触发气囊迅速充气弹出,保护驾乘人员。

自动空调系统:通过温度传感器、湿度传感器等检测车内环境参数,自动调节温度、风速、风向等,为驾乘人员提供舒适的车内环境,具有分区控制等功能。

五、汽车电子控制系统部件

汽车电子控制系统包括发动机电子控制系统和电子稳定程序。

发动机电子控制系统（ECU）：负责采集发动机各传感器信号，如空气流量、水温、曲轴位置等，根据预设程序计算并控制喷油、点火时刻等，优化发动机性能，提高燃油经济性和排放水平。

电子稳定程序（ESP）：包含多个传感器和控制模块，实时监测车辆的行驶状态，如转向角度、车身侧滑、车轮转速等关键数据。通过分析这些数据，ESP 可以迅速判断车辆的行驶姿态是否偏离理想状态。一旦检测到车辆出现侧滑、甩尾或其他不稳定迹象，系统将立即介入，通过对特定车轮进行独立制动，并适时调整发动机的动力输出，从而纠正车辆的行驶轨迹，有效防止失控，显著提升车辆在复杂路况或紧急情况下的行驶稳定性和安全性。

复习延伸

（1）喇叭的作用是什么？
（2）刮水器的作用是什么？
（3）怎样检查风窗玻璃刮水器？

◀ 任务 3　蓄电池的检查与维护 ▶

工作场景

车辆停放在检修场地，拉起驻车制动器，打开发动机舱盖，在发动机舱两侧铺上防护垫。若环境亮度不够，则准备好局部照明设备。同时在附近的工作台上准备一个各项指标都合格的蓄电池和几个各项指标分别不合格的蓄电池。用到的检测仪器、工具及材料有充电机、万用表、吸式密度计、扭矩扳手、玻璃管（或吸食饮料的透明塑料吸管）、承装清水的水盆 2 个、适量的小苏打（碳酸氢钠）、少量润滑脂、毛刷、细砂纸等。

学习目标

通过本任务的学习，充分认识蓄电池的作用，掌握检查和保养蓄电池的方法，学会给蓄电池充电，熟悉蓄电池的使用注意事项。

基础知识

蓄电池又称二次电池,是一种将所获得的电能以化学能的形式储存并可将化学能转化为电能的电化学装置。它是目前世界上广泛使用的一种化学电源,具有电压平稳、安全可靠、价格低廉、适用范围广、原材料丰富和回收再利用率高等优点,是世界上各类电池中产量最大、用途最广的一种电池。

汽车用蓄电池,从 1905 年应用至今,已经有一百多年的历史了。在其整个发展历程中,其容量、能量密度、材料以及寿命等方面都有了很大的改进。进入 21 世纪,随着电子技术的发展及其在汽车上的应用,人们对环保的要求越来越高,汽车用蓄电池也将随着电动汽车的普及而逐渐由启动型转为驱动型。

一、汽车用蓄电池的作用

(1) 启动发动机时,蓄电池向启动系统、点火系统、供给系统以及其他辅助电器供电。

(2) 当发动机低速运转,发电机输出电压低于蓄电池的充电电压时,由蓄电池向用电设备供电。

(3) 当发动机中、高速运转,发电机输出电压高于蓄电池的充电电压时,发电机向蓄电池充电,蓄电池将发电机的剩余电能储存起来。

(4) 当发电机过载时,蓄电池协助发电机向用电设备供电。

(5) 蓄电池还可以吸收电路中的瞬时过电压,保持汽车电器系统电压的稳定,保护电子元件。

二、蓄电池的充电

充电是延长蓄电池使用寿命的一个重要环节,放电后的蓄电池必须经过充电才能重新投入使用。新蓄电池和修复后的蓄电池在首次使用前必须进行初充电;在蓄电池的正常使用过程中,为了延长蓄电池的使用寿命,还要进行一些必要的补充充电、均衡充电等。

1. 恒流充电

恒流充电是指在充电过程中,充电电流保持不变(通过调整电压来保证电流不变)的充电方法。它广泛用于初充电、补充充电和去硫化充电等。

恒流充电的适应性强,可任意选择和调整充电电流的大小,有利于保持蓄电池的技术性能和延长蓄电池的使用寿命。缺点是充电时间长,要经常调节充电电流。

2. 恒压充电

恒压充电是指在充电过程中,充电电压保持恒定不变的充电方法。这是在汽车上由发电机对蓄电池进行充电的方法。

3. 脉冲快速充电

脉冲快速充电的过程是:先用 $0.8 \sim 1$ 倍额定容量的大电流进行恒流充电,使蓄电池的荷电量在短时间内达到额定容量的 $50\% \sim 60\%$。当单体电池电压升至 2.4 V,电解液开始冒气泡时,由充电机的控制电路自动控制,开始脉冲快速充电,首先停止充电 25 ms(称为前停充),然后放电或反向充电,使蓄电池内通过一个较大的反向脉冲电流(脉冲电流一般为充电电流的 1.5～3 倍,脉冲宽度为 150～1000 μs),再停止充电 40 ms(称为后停充),而后按照正脉冲充电→前停充→负脉冲瞬间放电→后停充→正脉冲充电……循环进行,直至充足电为止。

脉冲快速充电的优点是充电时间可大大缩短(新蓄电池初充电仅需 5 h,补充充电需 1 h)。但对蓄电池的寿命有一定的影响,并且脉冲快速充电机结构复杂,价格昂贵。故脉冲快速充电适用于电池集中、充电频繁、要求应急的场合。

技能训练

一、操作训练

1. 拆下并清洁蓄电池

从车上拆卸蓄电池时,首先关闭点火开关及其他电器开关,然后拆除负极夹子,再拆除正极夹子。拆下两个夹子后要尽量将蓄电池水平端出,轻轻放在水平工作台上。如夹子上或极柱上有金属氧化物,可用细砂纸将其去除干净(电极夹子的缝隙处可用废弃的牙刷清洁)。最后用毛刷清洁蓄电池外表面,用略湿但干净的抹布将其外表面擦净。

2. 检查电解液液面高度,疏通通气孔

对于有加液孔盖的蓄电池,可检查其液面高度。如壳体呈半透明状,能看清内部液面,可直接观察液面是否在上下标线(如 Max 与 Min 标线、Hi 与 Lo 标线)之间。若低于下标线应添加蒸馏水(6 个加液孔都加,因为它们在内部是不相通的)。若在外面无法看清液面高度,可将加液孔盖打开,用玻璃管或塑料吸管按图 4-22 所示方式检测(液面高出极板 10～15 mm)。由于蓄电池内部的 6 个单体之间互不相通,因此要分别检测。

加液孔盖拧下后,应用压缩空气或细钢丝等对盖上的通气孔进行疏通,以保证蓄电池在充电时顺利地将氧气和氢气排出。

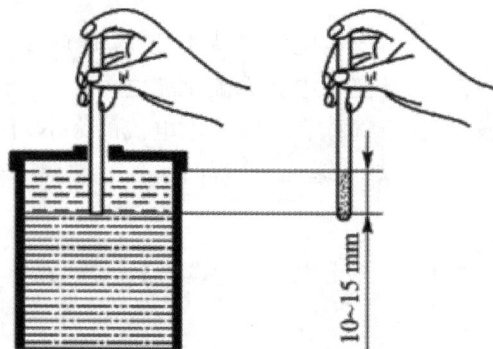

图 4-22　检测蓄电池液面高度

3. 测量蓄电池端电压

用万用表的"直流电压 20 V"挡测量蓄电池两个极柱间的电压(数显式万用表黑红表笔不用严格区分;指针式万用表的黑表笔接负极,红表笔接正极,不可接反)。测量时表笔和极柱间要接触良好,不可出现虚连。测量值在(13.5±1) V 时为正常,若低于 12.5 V,需对蓄电池进行充电。若蓄电池是刚从运行的车上卸下的,则需等待几分钟后再测量。

4. 测量电解液密度

打开蓄电池的 6 个加液孔盖,用吸式密度计分别从各个加液孔中抽取电解液并测量其密度,如图 4-23 所示。通过其密度的大小可以判断当前蓄电池的实际容量。密度每下降 0.04 g/cm^3,相当于蓄电池放电 25% 的额定容量。亦可参照表 4-1 来粗略判断电解液的密度。通过对各个单体电池电解液密度的测量,还可以确定蓄电池是否失效。如果单体电池电解液之间的密度相差 0.05 g/cm^3,则该电池失效。一般冬季放电超过 25%,夏季放电超过 50%,就需要进行充电,详见表 4-2。

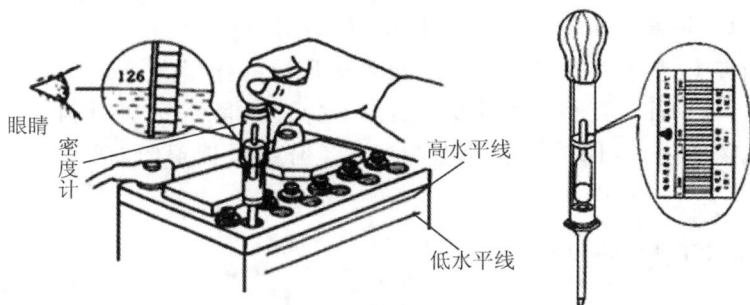

图 4-23 电解液密度检测

表 4-1 蓄电池存电状态与电解液密度的关系

存电状态/(%)	100	75	50	25	0
电解液密度/(g/cm^3)	1.27	1.23	1.19	1.15	1.11

表 4-2 电解液密度选用的地区差异性

气候条件	全充电 15 ℃时的电解液密度/(g/cm^3)	
	冬季	夏季
冬季气温低于 −40 ℃地区	1.310	1.250
冬季气温高于 −40 ℃地区	1.290	1.250
冬季气温高于 −30 ℃地区	1.280	1.250
冬季气温高于 −20 ℃地区	1.270	1.240
冬季气温高于 0 ℃地区	1.240	1.240

5.蓄电池的充电(补充充电)

蓄电池应该经常在充满电的状态下工作,这样可以延长其使用寿命。当蓄电池的端电压较低(低于12.5 V)、电解液的密度偏小或正常行驶2个月以上未进行补充充电时,都应对蓄电池进行充电。通过平时车辆的一些表现也可判断蓄电池是否需要充电,如启动无力、大灯暗淡、喇叭沙哑等。

充电时应把蓄电池从车上拆下,到专门的充电间充电。首先打开6个加液孔盖并将盖顶朝下放置。充电机的正极接蓄电池的正极,负极接蓄电池的负极,电极夹子要夹牢并使接触面积尽可能大。打开充电机开关,调节充电电压为12 V,调节充电电流为蓄电池额定容量的1/10时的电流进行充电。当蓄电池电量基本充足时,电解液开始产生气泡,此时转入第二阶段。将充电电流减半,直到电解液密度和蓄电池端电压都达到最大值且在2~3 h内不再上升,蓄电池内部产生大量气泡为止。此时蓄电池的电量已充满,先关闭充电机的电源开关,然后卸下电极夹子,待蓄电池的温度接近恢复常温时将加液孔盖全部盖好拧紧。

充电完毕后,将蓄电池装回到车上时,也要尽量保持其处于水平状态,以免电解液外泄。先装正极夹子,后装负极夹子。正负极紧固螺栓的拧紧力矩都应是5 N·m。两个夹子紧固好后,分别往其互相接触处及表面涂上少量的润滑脂,使其与空气隔绝,避免或减少金属氧化物的生成,保护极柱及电极夹子。有绝缘护罩的,把护罩装好,正极的为红色。

二、操作注意事项

(1)拆卸蓄电池夹子时,一定要先拆负极,后拆正极;安装时,一定要先装正极,后装负极。拆装时不可用钳子拧螺栓;电瓶夹子从极柱上取下较困难时,可用螺钉旋具从四周均匀地、轻轻地撬动。

(2)检查电解液液面高度和测量电解液密度时,注意不要让玻璃管或密度计中的电解液滴到汽车的零部件,人的皮肤、衣服或其他物品上(电解液就是稀硫酸,它具有非常强的氧化性和腐蚀性)。若电解液滴到人的皮肤上,可先用碳酸氢钠溶液清洗,再用大量的清水冲洗。

(3)电解液不足时要补加蒸馏水,只有当确认是由于电解液外泄(翻车)导致电解液不足时才可添加电解液原液(密度是1.27 g/cm³左右的硫酸)。

(4)吸取电解液时,要一次吸够,使里面的浮子能够处于漂浮状态。吸式密度计使用时切勿倒置,应始终让其大头朝上,以免电解液流入吸球。与电解液接触的工具、设备用后应用清水清洗干净,以备再用(密度计和玻璃吸管做此处理,塑料吸管可略作清洗后投入垃圾箱)。

(5)使用万用表时注意其挡位及两个表笔。

(6)充电时的注意事项如下。

① 天气寒冷时,在充电前须检查蓄电池电解液是否结冰,不可对结冰的蓄电池进行充电,否则会引起爆炸。

② 充电前须检查电解液的液面高度,电解液不足时不得充电。

③ 充电过程中要每隔大约 1 h 测量一次电解液的密度和电压,并检查它的温度。当温度超过 40 ℃时应将充电电流减半,如温度继续升高超过 45 ℃时应停止充电,待冷却到 35 ℃以下时再充电。也可用风冷或水冷的方法来降温。

④ 充电室内要通风良好,且严禁烟火,因为电解液里面的气泡是氢气和氧气。

⑤ 在无人看守的情况下要停止充电。

相关拓展

飞轮电池

飞轮电池是 20 世纪 90 年代才发展起来的新概念电池,它突破了化学电池的局限,用物理方法实现储能。当飞轮以一定角速度旋转时,它就具有一定的动能。飞轮电池正是以其动能转换成电能的。飞轮电池中有一个电机,充电时,该电机以电动机形式运转,在外电源的驱动下,电机带动飞轮高速旋转,即用电给飞轮电池"充电",增加了飞轮的转速,从而增大其动能;放电时,电机则以发电机状态运转,在飞轮的带动下对外输出电能,完成机械能(动能)到电能的转换。当飞轮电池输出电能时,飞轮转速逐渐下降。飞轮电池的飞轮是在真空环境下运转的,转速极高(高达 200000 r/min),使用的轴承为非接触式磁轴承。据称,飞轮电池比容量可达 150 W·h/kg,比功率达 5000~10000 W/kg,使用寿命长达 25 年,可供电动汽车行驶 5000000 km。美国某公司已用最新研制的飞轮电池成功地把一辆克莱斯勒轿车改成电动轿车,充电一次可行驶 600 km,由 0 km/h 到 96 km/h 的加速时间为 6.5 s。

飞轮电池的概念起源于 20 世纪 70 年代早期,最初设想是应用在电动汽车上,但限于当时的技术水平,并没有得到发展。直到 20 世纪 90 年代,由于电路拓扑思想的发展,碳纤维材料的广泛应用,以及全世界范围对污染的重视,这种新型电池又得到了高速发展。伴随着磁轴承技术的发展,这种电池显示出更加广阔的应用前景,现正迅速地从实验室走向实际应用。

1. 飞轮电池系统介绍

飞轮电池系统包括三个核心部分:飞轮、电机和电力电子变换装置。

电力电子变换装置从外部输入电能驱动电机(此时充当电动机)旋转,电机带动飞轮旋转,飞轮储存动能(机械能);当外部负载需要能量时,飞轮带动电机(此时充当发电机)旋转,将动能转化为电能,再通过电力电子变换装置输出负载所需要的各种频率、电压等级的电流,以满足不同的需求。在实际工作中,飞轮的转速可达 40000~50000 r/min,一般金属制成的飞轮无法承受这样高的转速,因此飞轮一般都采用碳纤维制成,既轻又强,进一步减轻了整个系统的重量。为了减少充放电过程中的能量损耗(主要是摩擦损耗),电机和飞轮都使用悬浮的磁轴承,以减少机械摩擦;同时将飞轮和电机放置在真空容器中,以减少空气摩擦。这样,飞轮电池的净输出效率便达 95%左右。

实际使用的飞轮装置主要包括以下部件:飞轮、轴、轴承、电机、真空容器和电力电子变换装置。飞轮是整个电池装置的核心部件,它直接决定了整个装置的储能大小。电力电子变换装置通常是由 MOSFET(金属氧化物半导体场效应管)和 IGBT(绝缘栅双极晶体管)组成的双向逆变器,它们决定了飞轮装置输入、输出能量的大小。

2. 飞轮电池与其他电池的比较

现在,使用最多、最广的储能电池无疑是化学电池,它将电能转变为化学能进行储存,再转化为电能进行输出。它价格低廉,技术成熟,但污染严重,效率低下,充电时间长,用电时间短,使用过程中电能不易控制。

另一储能电池是超导电池,它把电能转化为磁能储存在超导线圈的磁场中,由于超导状态下线圈没有电阻,因此能量损耗非常小,效率也高,对环境污染也小。但由于超导状态只有在线圈处于极低温度下才能实现,维持线圈处于超导状态所需要的低温会耗费大量能量,而且维持装置过大,不易小型化,因此市场前景不佳。

飞轮电池则兼顾了两者的优点,虽然目前价格较高,但伴随着技术的进步,必将有一个非常广阔的前景。下面通过表 4-3 来具体比较三者的优缺点。

表 4-3　三种电池性能比较

电池类型	化学电池	飞轮电池	超导电池
储能方式	化学能	机械能	电磁能
使用寿命/年	3～5	＞20	～20
技术	成熟	待验证	待验证
温度范围	限制	不限	不限
相对尺寸(同功率)	大	最小	中间
储能密度	小	大	大
储能深度	浅	深	深
价格	低	高	较高
环境影响	污染	无污染	无污染

3. 飞轮电池的应用场合及现状

由于技术和材料价格的限制,飞轮电池的价格相对较高,在小型场合还无法体现其优势。但在下列一些大型储能装置的场合,使用化学电池非常昂贵,飞轮电池得到逐步应用。

(1)太空,包括人造卫星、飞船、空间站。飞轮电池充电一次可以提供同重量化学电池 2 倍的功率,同负载的使用时间为化学电池的 3～10 倍。同时,因为它的转速是可测可控的,故可以随时查看电能的多少。美国太空总署已在空间站安装了 48 个飞轮电池,联合在一起可提供超过 150 kW 的电能。据估计,相比化学电池,这些飞轮电池可节约 200 万美元左右。

(2)交通运输,包括火车和汽车。这种车辆采用内燃机和电机混合推动,飞轮电池充电快,放电完全,非常适合应用于混合能量推动的车辆。车辆在正常行驶和制动时,给飞轮电池充电,飞轮电池则在车辆加速或爬坡时给车辆提供动力,保证车辆运行在一种平稳、最优的状态下,可减少燃料消耗、空气和噪声污染,延长发动机的寿命。美国 Texas 大学已研制出一款汽车用飞轮电池,该电池在车辆需要时,可提供 150 kW 的能量,能加速满载车辆到 100 km/h。在火车方面,德国西门子公司已研制出长 1.5 m、宽 0.75 m 的飞轮电池,可提供 3 MW 的功率,同时,可储存 30% 的制动能。

(3)不间断电源。飞轮电池可提供高可靠的稳定电源,持续时间可达几秒到几分钟,这段时间足以保证工厂进行电源切换。

(4)军用战斗车辆。美国国防部预测未来的战斗车辆在通信、武器和防护系统等方面都广泛需要电能。飞轮电池由于其快速的充放电、独立而稳定的能量输出、重量轻等优点,能使车辆工作在最优状态,减少车辆的噪声(战斗中非常重要),提高车辆的加速性能,已成为美国军方首要考虑的储能装置。

作为一种新兴的储能方式,飞轮电池拥有传统化学电池无法比拟的优点,已被人们广泛认同,它非常符合未来储能技术的发展方向。目前,飞轮电池除了上面介绍的应用领域外,也正在向小型化、低廉化的方向发展。可以预见,伴随着技术和材料学的进步,飞轮电池将在未来的各行各业中发挥重要的作用。

复习延伸

(1)你能用哪些方法区分蓄电池的正负极?
(2)选购蓄电池时需注意哪些事项?
(3)使用蓄电池时都有哪些注意事项?

◀ 任务 4　检查汽车车身部件性能 ▶

工作场景

车辆停放在检修场地,拉起驻车制动器,打开发动机舱盖,在发动机舱两侧铺上防护垫。若环境亮度不够,准备好局部照明设备。同时在附近的工作台上准备一个各项指标都合格的蓄电池、几个各项指标分别不合格的蓄电池。用到的检测仪器、工具及材料有充电机、万用表、吸式密度计、扭矩扳手、玻璃管(或吸食饮料的透明塑料吸管)、承装清水的水盆 2 个、适量的小苏打(碳酸氢钠)、少量润滑脂、毛刷、细砂纸等。

学习目标

通过本任务的学习,能够掌握以下技能:

（1）检查汽车车身螺栓及螺母的状态；

（2）检查汽车加油口盖的性能；

（3）检查汽车悬架系统，包括减振器的减振力及车辆倾斜情况；

（4）检查汽车车灯的安装位置和外部状况；

（5）检查汽车车窗升降机的性能。

基础知识

一、车身结构件

车身结构件包括车架、车身骨架、前后防撞梁等。

1. 车架

车架是汽车的基础结构，通常由纵梁和横梁组成，用于支撑车身、安装发动机和变速器等部件，并承受车辆行驶中的各种载荷。车架主要分为边梁式、中梁式和综合式等类型。

2. 车身骨架

对于承载式车身，车身骨架承担主要的受力和支撑作用，包括 A 柱、B 柱、C 柱等。在车辆发生碰撞时，车身骨架能够有效吸收和分散能量，保护车内人员的安全。

3. 前后防撞梁

前后防撞梁安装在车辆的前后部，通常由高强度钢或铝合金制成。在碰撞时，防撞梁能够吸收和缓冲部分能量，减轻对车身其他部件的损伤，从而提高车辆的被动安全性。

二、车身覆盖件

车身覆盖件包括发动机舱盖、车门、翼子板和后备厢盖等。

1. 发动机舱盖

发动机舱盖位于车辆前部，用于覆盖发动机舱，一般采用金属或复合材料制成，表面有一定的弧度和造型，既能保护发动机等部件，又能提升车辆的整体外观美观度。

2. 车门

车门由门体、车门内饰板、车门玻璃、门锁及铰链等部件组成，除了满足开启和关闭功能外，还需具备一定的强度和隔音、隔热性能。

3. 翼子板

翼子板安装在车轮上方，用于遮挡轮胎甩起的泥水和石子，保护车身，同时是车辆外观造型的一部分，有前翼子板和后翼子板之分，材质多为金属或塑料。

4. 后备厢盖

后备厢盖位于车辆后部，用于覆盖后备厢，方便存放物品。其开启方式有手动和电动等多种，一些车型的后备厢盖还具备感应开启等功能。

三、车身内饰件

车身内饰件包括仪表板、座椅和内饰板等。

1. 仪表板

仪表板位于驾驶位前方,是车辆的信息显示和控制中心,集成了仪表盘、中控显示屏、空调出风口、控制按钮等部件,其设计和材质直接影响驾驶体验和车内美观度。

2. 座椅

座椅为驾乘人员提供乘坐支撑,有多种调节功能,如前后、高低、靠背角度调节等,高端车型的座椅还具备加热、通风、按摩等功能。座椅的舒适性和安全性对驾乘体验至关重要。

3. 内饰板

内饰板包括车门内饰板、车顶内饰板、地板内饰板等,用于覆盖车身内部结构,起到装饰和隔音、隔热的作用。内饰板的材质多样,如塑料、织物、皮革等。

技能训练

1. 检查汽车车身螺栓及螺母

(1)检查车门螺钉,如图 4-24 所示。

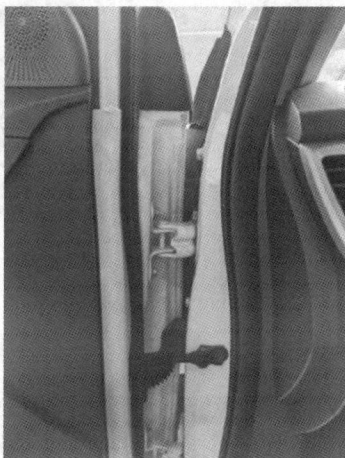

图 4-24　检查车门螺钉

(2)检查发动机罩、后备厢门螺栓和螺母是否松动。

2. 检查加油口盖性能

加油口盖应开启灵活,如图 4-25 所示。

3. 检查汽车悬架

检查汽车悬架系统是确保车辆行驶稳定性、舒适性和安全性的关键步骤。首先,检查

图 4-25　加油口盖

减振器是否有漏油、变形或损坏等问题。其次,检查弹簧是否有断裂、变形或锈蚀等情况。最后,检查悬架摆臂、连杆、球头等部件是否有裂纹、松动或损坏等故障。

在车辆四个角分别用力按压车身,松开后观察车身的回弹情况。正常情况下,车身应能平稳回弹且无多余晃动或异响,如图 4-26 所示。

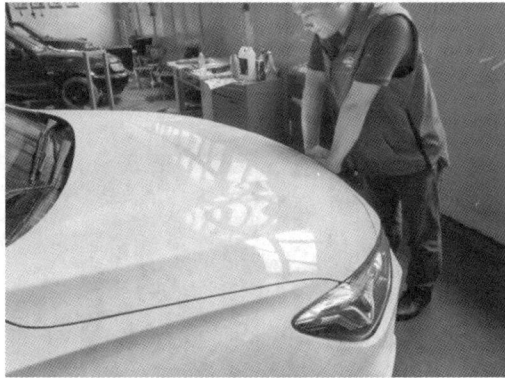

图 4-26　检查汽车悬架

4. 检查安全带

(1)检查安全带紧固螺栓,如图 4-27 所示。

图 4-27　检查安全带紧固螺栓

（2）检查安全带扣锁紧程度，如图 4-28 所示。

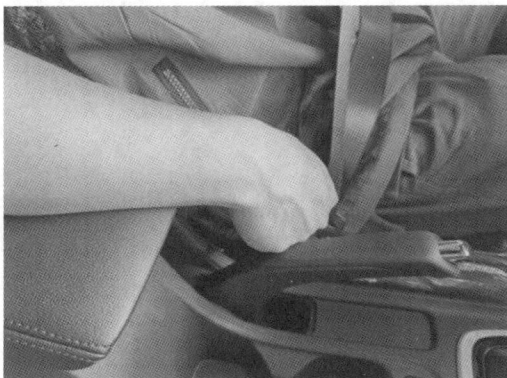

图 4-28　检查安全带扣锁紧程度

（3）检查安全带拉伸与收缩情况，如图 4-29 所示。

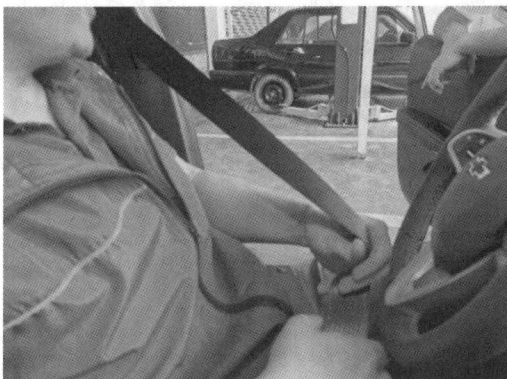

图 4-29　检查安全带拉伸与收缩情况

5. 检查汽车车灯安装位置和外部状况

（1）用手轻轻推车灯，检查车灯的安装是否牢固，确保其无松动或移位现象。

（2）目视检查车灯的灯罩和反光镜，确认是否存在褪色、划痕或碰撞损坏等情况。

（3）目视检查灯内是否有污物、灰尘或进水，确保灯内清洁且密封良好。

6. 检查汽车车窗升降机性能

启动发动机，按动车窗开关，检查车窗是否能够上下自如、运动平顺，确认无卡滞或异响现象。

7. 检查车窗防夹功能是否正常

操作车窗开关，使车窗在上升过程中遇到一定阻力（如用手指轻轻阻挡），观察车窗是否能自动停止上升并稍微下降，以确认防夹功能正常。

相关拓展

一、车身轻量化技术

1. 高强度钢与热冲压技术

高强度钢的热冲压成形技术已成为汽车轻量化的重要手段。通过将不同强度级别和厚度的板材进行激光拼焊,再进行一体式热冲压,可制造出高强塑性区域合理分布的多部件集成轻量化车身部件。例如,ArcelorMittal 公司与本田公司合作研发的超高强钢拼焊板制造的门环,大大改善了车身结构的刚度和强度。

2. 复合材料的应用

碳纤维复合材料(CFRP)因具有质量小、强度高、耐腐蚀等特性,被广泛应用于汽车车身结构件,如传动轴、发动机罩等。此外,高强度有机纤维增强复合材料也能代替钢板材料,进一步减轻车身重量。

3. 多元材料混合一体成形技术

该技术将钢、铝、镁、塑料等多种材料通过不同工艺一次性成形,简化了制造工序,提升了制造精度和生产装配效率。2024 年,该技术在车身和底盘系统零部件集成化方面取得了突破,如 AB 柱、仪表板横梁、前舱边梁等部件。

二、车身制造工艺创新

1. 液压成形技术

液压成形(内高压成形)以管材为坯料,在管材内部施加超高压液体,同时对管坯两端施加轴向推力,使其与模具型腔内壁贴合,得到中空零件。该技术可用于制造车身结构件,具有减轻重量、提高强度和降低成本的优势。

2. 多部件集成技术

多部件集成技术结合了超高强钢激光拼焊技术与热冲压技术,通过合理组合材料的强度和厚度,优化了车身结构刚度,有效降低振动和噪声,提高了整车舒适性。与传统分离成形方法相比,该技术减少了冲压、加工和装配成本,同时降低了车身重量。

三、车身智能化与功能集成

1. 智能玻璃技术

智能玻璃技术的应用不断扩大,如法拉利 Purosangue 采用的 Gauzy SPD 智能玻璃技术,可根据需求调节透光度。此外,中国联通与福耀集团联合打造的 5G 玻璃天线,将通信功能集成于车窗玻璃中。

2. 车身附件的智能化

车身附件如车灯、车窗等的智能化设计也在不断推进。例如,全景天幕的应用车型不断增加,其不仅提升了车内采光效果,还通过新材料和新技术实现了轻量化和功能优化。

四、车身结构与安全优化

1. 碰撞能量管理

在车身结构设计中,通过优化高强度钢的分布和多部件集成技术,合理分配碰撞能量,提升车身的碰撞安全性。例如,激光拼焊技术可根据不同部位的碰撞需求,调整材料厚度和强度,实现碰撞强化和吸能要求。

2. 新型材料与安全标准

随着电动化的发展,车身结构设计不仅涉及零部件自身的优化,还需满足新的安全标准。例如,电动车的底盘和车身结构设计需考虑能量回收功能对制动系统的影响,以及电池安全防护等新要求。

这些最新技术的应用,不仅提升了汽车的性能和安全性,而且推动了汽车制造行业的智能化和可持续发展。

复习延伸

(1)减振器的作用是什么?
(2)检查减振器应注意哪些问题?
(3)怎样检查车身部件?

项目 5　空调系统保养与维护

◀ 任务 1　空调系统的检查及保养 ▶

工作场景

车辆进入维修场地后,拉起驻车制动器,在前后车轮下垫上三角木,打开发动机舱盖,准备好局部照明设备。

学习目标

通过本任务的学习,学会检查车辆的空调系统并对其进行必要的保养操作。

基础知识

一、汽车空调系统简介

汽车空调系统按其功能可分为制冷系统、加热系统、通风装置、空气净化系统、加湿装置和操纵控制系统等几个主要组成部分。其制冷系统循环部分的组成如图 5-1 所示,制冷循环原理如图 5-2 所示。

二、空调系统各部分的功用

1. 制冷系统

采用蒸汽压缩式制冷原理,对车内空气或由外部进入车内的新鲜空气进行冷却或除湿,使车内空气变得凉爽舒适。

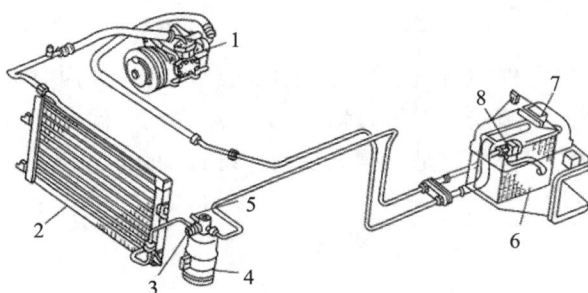

图 5-1　空调制冷系统循环部分的组成

1—压缩机；2—冷凝器；3—低压开关；4—储液干燥罐；5—高压阀；
6—蒸发器；7—热控开关；8—膨胀阀

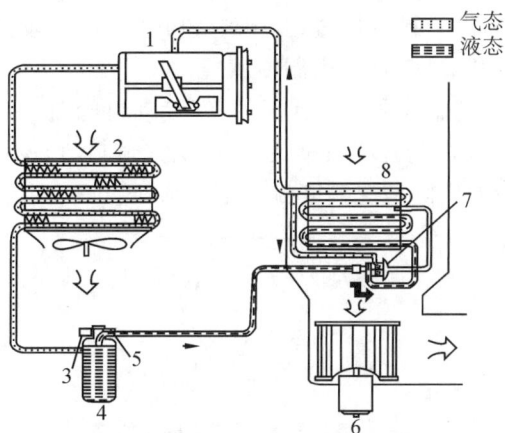

图 5-2　制冷循环原理图

1—压缩机；2—冷凝器；3—高压阀；4—储液干燥罐；5—低压开关；
6—鼓风机；7—膨胀阀；8—蒸发器

2. 加热系统

采用热水式加热装置，利用发动机冷却水给车内空气或由外部进入车内的新鲜空气加热，以达到取暖、除湿的目的。在冬天还可以给前风窗玻璃除霜、除雾。

3. 通风装置

离心式鼓风机将外部新鲜空气吸进车内，对车内空气进行置换，以达到制冷、加热及通风的作用。通风装置除鼓风机之外，还有滤清器、进风口、风道及出风口等。

4. 空气净化系统

除去车内空气中的尘埃臭味，使空气清洁，简单的方法是在通风口处加装灰尘滤清器。高档轿车上还装有空气质量传感器，当空气质量不良时，使初步过滤的气流再通过活性炭阀门，进一步净化。

5. 加湿装置

在气温较冷时，对车内空气加湿，使车内空气相对湿度达到 $40\%\sim50\%$。

6. 操纵控制系统

该系统主要由电气元件、真空机构和操纵机构组成。一方面对制冷系统、加热系统的温度和压力进行控制并实施安全保护,另一方面对车内空气温度、风量及出风方向进行调节。自动空调系统中的"自动"就是指操纵控制系统自动化。

技能训练

一、制冷剂的检查

(1) 启动发动机,使发动机以 2000 r/min 的转速运行 5 min,让发动机预热到正常工作温度。

(2) 将温度调节开关置于制冷位置,打开空调开关,保持发动机以 1500 r/min 的转速运转,拨动出风量调节开关,感觉车内制冷情况。

(3) 待出风口持续稳定地送来冷空气后,打开发动机舱盖,擦净储液干燥罐上的观察窗口(部分车型的观察窗口在制冷循环管路上),观察窗口内液体情况。可能会有图 5-3 所示的几种情况,然后根据实际情况判断制冷剂的多少。

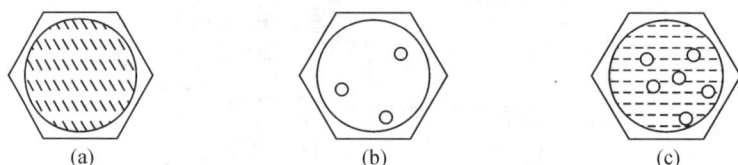

图 5-3 制冷剂观察窗口的几种情况

① 如图 5-3(a)所示,不透明,没有气泡生成,能看见雾状气体,表明制冷剂过多或完全没有制冷剂(若完全没有制冷剂,出风口不会有冷风);

② 如图 5-3(b)所示,几乎透明,有少量气泡生成,但随着发动机转速升高而逐渐消失,属于正常情况;

③ 如图 5-3(c)所示,不太透明,有大量气泡生成且流动,表明系统中制冷剂不足。

④ 若观察孔变得浑浊,表明干燥剂脱落或系统中有水分。

二、更换空调滤芯

(1) 打开手套箱,取出里面的杂物,拆下两边的两个旋钮(或外侧的两个挂钩),如图 5-4 所示。

图 5-4 打开手套箱

（2）取出手套箱，露出里面的空调滤清器外壳，如图 5-5 所示，用双手分别解除两侧的锁销，像拉抽屉一样把它拉出。

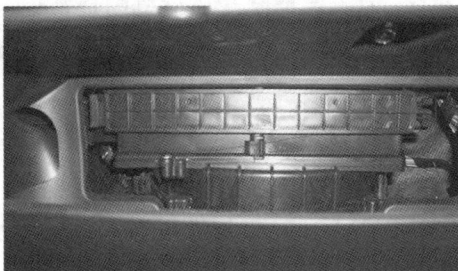

图 5-5　空调滤清器外壳

（3）用高压气体清理滤芯或换成新的滤芯后，按拆下的相反顺序装回空调滤清器及手套箱即可。

👓 相关拓展

一、冷冻机油的性能与选用

1. 冷冻机油的性能

冷冻机油用于润滑制冷压缩机的各摩擦副，它是压缩机能够长期高速有效运行的关键。在工作时，有一部分冷冻机油通过制冷压缩机的气缸随制冷剂一道进入冷凝器、膨胀阀和蒸发器，这就要求冷冻机油不仅具备一般润滑剂的特性，而且还能适应制冷系统的特殊要求，对制冷系统不应产生不良影响。为了确保制冷系统的正常运行，冷冻机油必须具备优良的与制冷剂共存时的化学稳定性、极好的与制冷剂的互溶性、良好的润滑性、优良的低温流动性和优良的绝缘性能，无蜡状物絮状分离，不含水，不含机械杂质。可见，对冷冻机油的性能要求不仅很全面而且很严格。因此，冷冻机油是制冷系统专用的一种润滑油，绝不能用普通润滑油来替代。

2. 冷冻机油的选用

（1）压缩机用冷冻机油要求具有以下性能。

①与制冷剂共存时具有优良的化学稳定性；②有良好的润滑性；③有极好的与制冷剂的互溶性；④对绝缘材料和密封材料具有优良的适应性；⑤不含机械杂质；⑥有良好的抗泡沫性。

（2）冷凝器用冷冻机油要求与制冷剂能很好地互溶。

（3）膨胀阀用冷冻机油要求具有以下性能。

①无蜡状物絮状分离；②不含水；③不含机械杂质。

（4）蒸发器用冷冻机油要求具有以下性能。

①有优良的低温流动性；②无蜡状物絮状分离；③不含水；④有极好的与制冷剂的互溶性。

二、冷冻机油主要质量指标

冷冻机油的规格品种很多,为了保证制冷压缩机的正常运行,必须了解冷冻机油的性能,并能正确选用。冷冻机油的性能可由很多指标来决定,以下简要介绍其主要质量指标。

1. 黏度

压缩机的转速越高,所使用的冷冻机油的黏度应相应越大。一般低速立式双缸压缩机可使用 L-DRA15 号冷冻机油,中速和高速多缸压缩机应使用 L-DRA22 号或 L-DRA32 号冷冻机油;而对于某些高速重载压缩机,由于其发热量大、油温和气温较高,建议使用 L-DRA46 号或 L-DRA68 号冷冻机油。

2. 热稳定性

热稳定性一般用冷冻机油的闪点来衡量。闪点是指冷冻机油的蒸汽遇火后发生闪火的温度。冷冻机油的闪点必须高于压缩机的排气温度,如 R717、R12、R22 压缩机使用的冷冻机油闪点应在 160 ℃以上。

3. 流动性

冷冻机油应有良好的低温下的流动性,在蒸发器内,因温度低,油的黏度增大,流动性变差,当达到一定温度时冷冻机油停止流动,此时的温度称为油的凝固点。制冷机用冷冻机油要求凝固点低,特别是低温制冷机对油的凝固点要求很重要。否则油的流动性降低,既影响蒸发器的传热又影响机器的润滑。

各种冷冻机油的凝固点都在 −40 ℃以下,能够满足一般用途的制冷机的使用需要。蒸发温度非常低时,可使用精密仪器油,其凝固点一般不高于 −60 ℃。

4. 溶解性

各种制冷剂与冷冻机油的相溶性是不相同的,大致分为三大类:一类为相互不溶解的;一类为相互无限溶解的;再一类是介于上述二者之间的。

5. 浊点

冷冻机油开始析出石蜡(油变混浊)时的温度称为浊点,当存在制冷剂时,冷冻机油的浊点会下降。

6. 击穿电压

全封闭和半封闭制冷机对冷冻机油的击穿电压有一定的要求,一般要求在 25 kV 以上。

三、冷冻机油变质的原因

当冷冻机油变坏时,其颜色会变深,将油滴在白色吸墨水纸上,若油滴的中央有黑色斑点,说明冷冻机油已经开始变坏。当油中含有水分时,其透明度会降低。这种经验方法能够用于察觉冷冻机油中混入较多水分和杂质的情况,但无法明确识别冷冻机油变质的具体程度和原因。

冷冻机油变质的原因主要有：

（1）混入水分。由于制冷系统中会渗入空气，空气中的水分与冷冻机油接触后混合进去；制冷剂中含水量较多时，也会使水分混入冷冻机油。冷冻机油中混入水分后，其黏度降低，也会对金属造成腐蚀。

（2）氧化。冷冻机油在使用过程中，当压缩机的排气温度较高时，就有可能氧化变质，特别是化学稳定性差的冷冻机油更易变质，经过一段时间，冷冻机油中会形成残渣，使轴承等处的润滑变差。有机填料、机械杂质等混入冷冻机油中也会加速它的老化或氧化。

（3）冷冻机油混用。几种不同牌号的冷冻机油混合使用时，会造成冷冻机油的黏度降低，甚至会破坏油膜的形成，使轴承受到损害；如果两种冷冻机油中含有不同性质的抗氧化添加剂，混合在一起时，就有可能产生化学变化，形成沉淀物，使压缩机的润滑受到影响，故使用时要注意。

（4）冷冻机油中有杂质。

复习延伸

（1）查阅相关资料，比较客车空调、轿车空调、家用空调、电冰箱等的共同点和不同点。

（2）查阅相关资料，比较制冷剂 R12 和 R134a 的热力学特性和化学性质，说明现在为什么要用 R134a 代替 R12。

任务 2　纯电动汽车空调系统的保养与维护

工作场景

车辆进入维修场地后，拉起驻车制动器，在前后车轮下垫上车轮挡块，打开发动机舱盖，准备好局部照明设备。

学习目标

通过本任务的学习，能够按照实施流程对电动汽车空调系统进行保养和维护作业。

🎯 基础知识

一、新能源汽车空调系统概述

1. 工作原理

新能源汽车空调系统与传统燃油汽车空调系统在制冷方面有相似之处,都是通过制冷剂的循环来实现热量的转移。空调系统一般采用蒸汽压缩式制冷循环方式,由压缩机、冷凝器、膨胀阀和蒸发器等主要部件组成。

二者的区别在于动力来源不同,新能源汽车的压缩机可能由电机驱动,而传统燃油车的压缩机通常由发动机通过皮带驱动。制热方面,新能源汽车除了可以像传统汽车一样利用发动机余热(如果有)外,还常采用电加热方式,如 PTC(正温度系数热敏电阻)加热器或热泵技术。

2. 重要性

调节车内温度、湿度和空气质量,对提高驾驶安全性和乘坐舒适度至关重要。良好的空调系统性能有助于驾驶员保持清醒和注意力集中,同时也能保护车内电器设备等不受高温或潮湿环境的影响。

二、空调系统的组成部件及功能

1. 压缩机

(1)功能:将低温低压的制冷剂气体压缩成高温高压的气体。压缩机是空调系统制冷循环的动力源。在新能源汽车中,电动压缩机的性能直接影响空调的制冷效果和能效比。

(2)保养要点:

定期检查压缩机的工作状态,包括有无异常噪声、振动等。

检查压缩机的电气连接是否牢固,避免出现接触不良或短路等问题。

保持压缩机周围的清洁,防止灰尘等杂质进入,以免影响其正常运行。

2. 冷凝器

(1)功能:将压缩机排出的高温高压制冷剂气体冷却成高温高压的液体,使其散热并冷凝。冷凝器通常安装在车辆的前部,通过风冷或水冷方式与外界环境进行热量交换。

(2)保养要点:

定期清洁冷凝器表面,去除灰尘、杂物等,以保证良好的散热效果。可使用高压水枪或专用的清洁剂进行清洗,但要注意避免损坏冷凝器的散热片。

检查冷凝器的连接管路是否有泄漏点,如有泄漏点应及时修复或更换相关部件。

3. 膨胀阀

(1)功能:使高压液态制冷剂节流降压,变成低温低压的雾状制冷剂液体,进入蒸发器。膨胀阀通过调节制冷剂的流量来控制空调系统的制冷量,使其适应不同的工况需求。

(2)保养要点:

检查膨胀阀的工作状态是否正常,有无堵塞或卡滞现象。如果发现制冷效果不佳,可能需要对膨胀阀进行清洗或更换。

注意膨胀阀的安装位置和密封性,确保其正常工作且不会出现制冷剂泄漏。

4. 蒸发器

(1)功能:低温低压的制冷剂液体在蒸发器内蒸发吸热,使周围空气温度降低,从而实现车内制冷。蒸发器通常安装在车内仪表台下方,与鼓风机配合工作,将冷风吹向车内。

(2)保养要点:

定期清洁蒸发器表面,防止灰尘、细菌等积聚。可以使用专业的蒸发器清洗剂进行清洗,以去除异味和保证空气流通顺畅。

检查蒸发器的排水孔是否堵塞,避免冷凝水无法排出而导致车内漏水。如果排水孔堵塞,可用细铁丝等工具进行疏通。

5. PTC加热器(或其他电加热元件)

(1)功能:当新能源汽车需要制热时,PTC加热器通过通电发热,为车内提供热量。它具有升温快、热效率高等优点,但能耗相对较高。

(2)保养要点:

检查PTC加热器的电气连接是否正常,确保其能够正常工作。

注意PTC加热器的散热情况,避免其因过热而损坏。在使用过程中,如果发现制热效果下降或有异味,可能是PTC加热器出现问题,应及时检查维修。

6. 温度传感器

(1)功能:检测车内和车外的温度,并将温度信号传递给空调控制系统,以便控制系统根据实际温度调整空调的工作状态,实现温度的自动调节。

(2)保养要点:

定期检查温度传感器的准确性,可以与标准温度计进行对比测试。如果发现温度传感器测量误差较大,应及时更换。

确保温度传感器的安装位置正确且安装牢固,避免其受到外界干扰而影响测量精度。

7. 空调滤清器

(1)功能:过滤进入车内的空气,去除灰尘、花粉、细菌等杂质,提高车内空气质量。空调滤清器对乘客的健康至关重要,尤其是对于过敏体质的人群。

(2)保养要点:

定期更换空调滤清器,一般建议每行驶10000~15000公里更换一次或根据车辆使用环境和空气质量情况适当缩短更换周期。如果滤清器过脏,会影响空调的通风量和制冷制热效果,同时也会降低车内空气质量。

在更换空调滤清器时,要注意选择合适的型号和规格,确保其与车辆的空调系统匹配。

技能训练

一、外观检查

1.空调出风口检查

检查空调出风口是否有堵塞物,如灰尘、纸屑等。如有,使用软毛刷或吸尘器进行清洁。确保出风口格栅无损坏,能够正常调节风向。

2.空调管路检查

目视检查空调管路是否有破损、泄漏迹象,如果管路表面有油渍,则说明可能存在制冷剂泄漏情况,需进一步检查。检查管路连接部位的卡箍是否松动,如有松动应及时紧固。

二、制冷剂检查与处理

1.压力检查

将压力表组连接至空调系统的高低压接口。

打开车辆电源,启动空调系统,并将其设置为制冷模式,同时将风速调至最大。

读取高低压侧的压力值。正常情况下,低压侧压力一般在 2～3 bar,高压侧压力在 15～20 bar(不同车型可能略有差异)。

如果压力异常偏低,可能存在制冷剂泄漏;如果压力异常偏高,可能存在系统堵塞或散热不良等问题。

2.制冷剂泄漏检测

使用电子检漏仪对空调系统的各个部件和管路进行泄漏检测。重点检查压缩机、冷凝器、蒸发器、膨胀阀等部位。

如果发现泄漏点,根据泄漏情况进行修复。对于轻微泄漏,可以使用密封胶进行修补;对于严重泄漏,可能需要更换泄漏部件。

3.制冷剂回收与充注

如果需要更换制冷剂或维修系统部件,需使用制冷剂回收机将系统内的制冷剂回收。

在维修完成后,使用真空泵对空调系统进行抽真空处理,一般抽真空时间不少于 30 分钟,以确保系统内无水分和空气。

根据车辆制造商的规定,使用充注软管准确充注适量的制冷剂。

三、空调压缩机检查

1.压缩机外观检查

检查压缩机是否有异常振动或噪声。启动空调系统,仔细聆听压缩机运行声音,正常运行时声音应平稳,无刺耳、摩擦或撞击声。

检查压缩机皮带(如果有)的张紧度是否合适,如有皮带,一般用手指按压皮带中部,皮带下沉量应在规定范围内。

2. 压缩机电气检查

使用万用表检查压缩机的供电电压,确保在压缩机启动时能获得正常的工作电压(一般与车辆动力电池电压相关)。

检查压缩机的控制线路是否连接良好,有无断路、短路现象。

四、冷凝器与蒸发器检查

1. 冷凝器检查

检查冷凝器表面是否有灰尘、杂物、昆虫尸体等堵塞物。如有,使用低压空气或清水(注意不要损坏冷凝器)进行清洁。

确保冷凝器的散热风扇能正常运转,检查风扇电机的供电和控制线路是否正常。

2. 蒸发器检查

蒸发器一般位于车辆内部,检查时需拆卸部分内饰。检查蒸发器表面是否有霉菌、异味等情况。

如果蒸发器有异味或霉菌,可以使用专用的蒸发器清洗剂进行清洗。

五、膨胀阀检查

1. 温度感知检查

检查膨胀阀的感温包是否安装牢固,感温包应紧密贴附在蒸发器出口管道上,确保能准确感知蒸发器出口温度。

2. 流量调节检查

通过观察空调系统的制冷效果和压力情况,间接判断膨胀阀的流量调节是否正常。如果制冷效果差且压力异常,可能是膨胀阀故障,需要进一步检查或更换。

六、系统运行测试

1. 制冷效果测试

完成上述检查和维护操作后,启动车辆和空调系统,设置制冷模式,将温度调至最低,风速调至最大。

使用温度计测量空调出风口温度,一般出风口温度应能达到 4～10 ℃(不同车型和不同环境温度下可能有所差异),以确保空调系统制冷效果良好。

2. 功能检查

检查空调系统的各种功能,如制冷、制热、除湿、自动模式、风向调节等是否正常。

相关拓展

一、电动汽车空调与传统燃油车空调的差异

1. 动力源不同

传统燃油车空调压缩机多由发动机通过皮带驱动,发动机运转时空调才有动力;电动汽车空调压缩机靠电力驱动,可独立于车辆行驶状态运行,比如在停车时能持续制冷制热。

2. 制热原理不同

燃油车主要利用发动机余热供暖,效率高但受限于发动机工况;电动汽车多采用PTC热敏电阻或热泵技术制热,PTC升温快但能耗高,热泵能效高但在低温环境下制热能力受限。

二、能耗影响因素

1. 温度设定的影响

制冷时,温度设定过低,空调需要持续以大功率运行,能耗显著增加;制热时同样如此,高温设定会使能耗大幅上升。

2. 环境温度的影响

在极端低温环境下,热泵制热效率降低,PTC加热器频繁启动,导致能耗急剧上升;而在高温天气下制冷时,由于环境热负荷较大,空调系统需要消耗更多能量来维持设定温度,能耗也会显著增加。

3. 车辆速度的影响

高速行驶时,车身与空气的摩擦会产生热量,这有利于制热,但不利于制冷。此时,空调需要加大制冷功率以维持车内温度,从而导致能耗增加。

复习延伸

(1)查阅相关资料,比较燃油车空调系统和纯电动汽车空调系统的共同点和不同点。
(2)简述纯电动汽车暖风系统的组成和作用。

参 考 文 献

［1］人力资源和社会保障部教材办公室.汽车使用与维护［M］.北京：中国劳动社会保障出版社,2016.

［2］黄成松,胡萍.汽车维护与保养［M］.重庆：重庆大学出版社,2022.

［3］高洪一,于洪兵.汽车维护与保养［M］.武汉：华中科技大学出版社,2018.